Impressum

Verlag: BABADADA GmbH, Nedderfeld 112 , 22529 Hamburg

Geschäftsführer / Verlagsleitung: Harald Hof

Druck: Books on Demand GmbH, In de Tarpen 42, 22848 Norderstedt

Imprint

Publisher: BABADADA GmbH, Nedderfeld 112 , 22529 Hamburg, Germany

Managing Director / Publishing direction: Harald Hof

Print: Books on Demand GmbH, In de Tarpen 42, 22848 Norderstedt

سکول

koulu

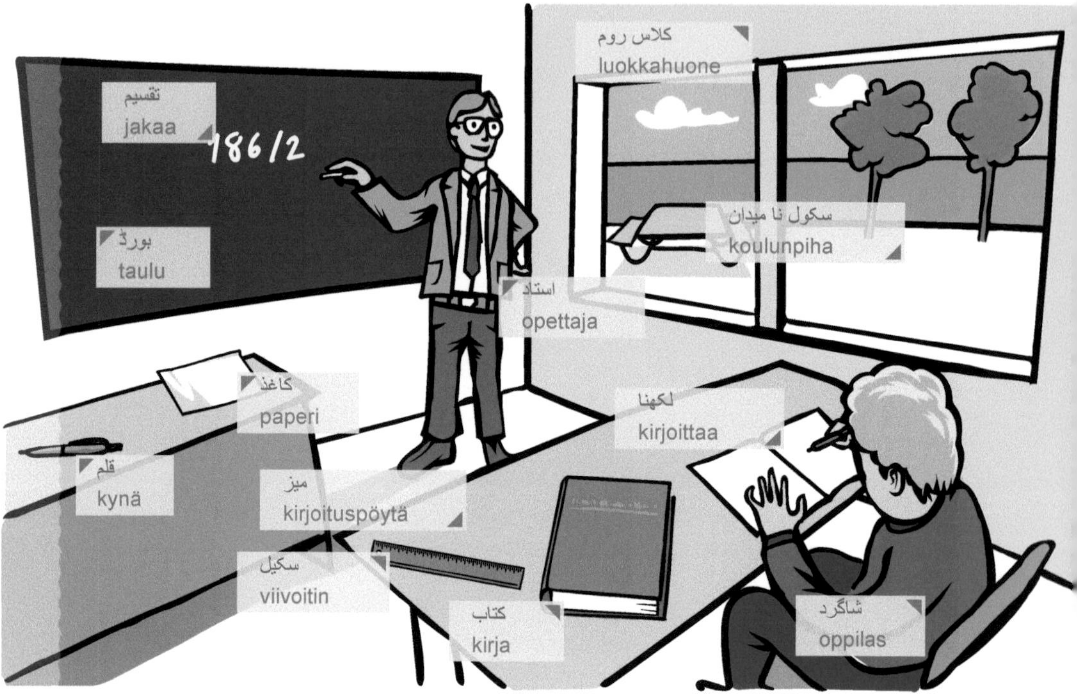

کلاس روم
luokkahuone
تقسیم
jakaa
186/2
بورڈ
taulu
سکول نا میدان
koulunpiha
استاد
opettaja
کاغذ
paperi
لکھنا
kirjoittaa
قلم
kynä
میز
kirjoituspöytä
سکیل
viivoitin
کتاب
kirja
شاگرد
oppilas

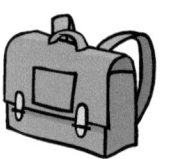

جزدان

reppu

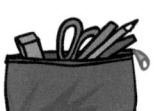

پینسل دا ڈبہ

penaali

پینسل

lyijykynä

پینسل شارپنر

kynänteroitin

ربر

pyyhekumi

ڈرائنگ پیڈ

piirustuslehtiö

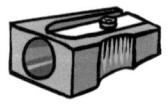

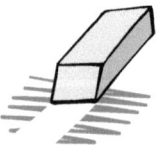

ڈراٸنگ

piirustus

پینٹ برش

pensseli

پینٹ باکس

vesivärit

قینچی

sakset

گلو

liima

مشقی کتاب

harjoituskirja

گھر دا کم

kotitehtävä

12

عدد

luku

2+2

جمع

lisätä

5-2

تفریق

vähentää

2×2

ضرب

kertoa

کیلکولیٹ

laskea

A

خطرہ

kirjain

ABCDEFG
HIJKLMN
OPQRSTU
VWXYZ

حروف تہجی

aakkoset

hello

لفظ

sana

متن

teksti

پڑھنا

lukea

چاک

liitu

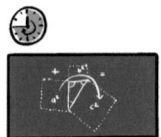

سبق

oppitunti

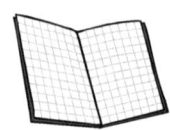

رجسٹر

opettajan muistikirja

امتحان

koe

سند

todistus

سکول نی وردی

koulupuku

تعلیم

koulutus

انسائیکلوپیڈیا

sanakirja

یونیورسٹی

yliopisto

مائیکرو سکوپ

mikroskooppi

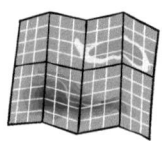

نقشہ

kartta

کچرے نا ڈبہ

roskakori

سفر

matka

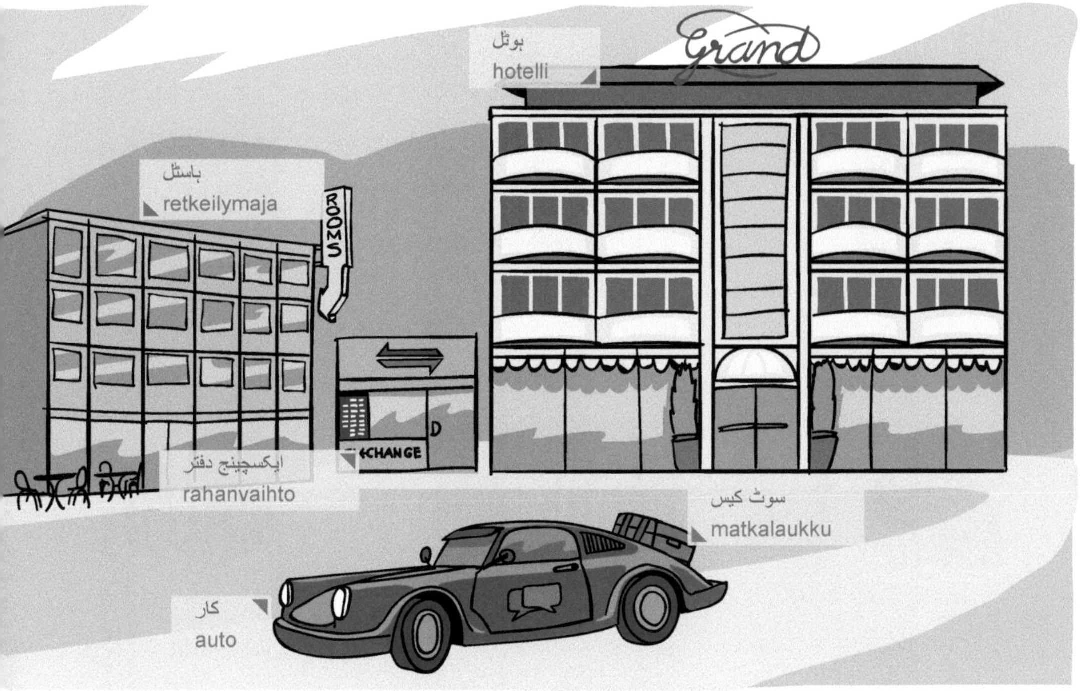
بوٹل
hotelli
Grand
باسٹل
retkeilymaja
ROOMS
ایکسچینج دفتر
rahanvaihto
CHANGE
سوٹ کیس
matkalaukku
کار
auto

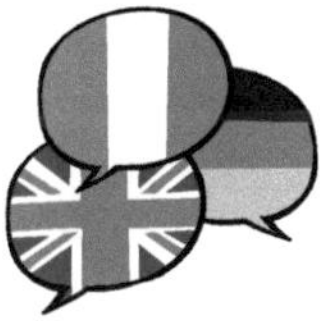

بولی

kieli

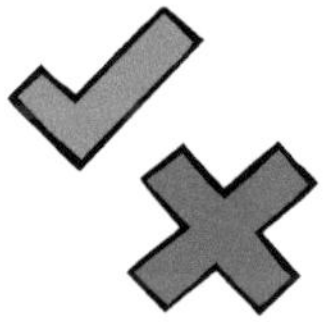

ہاں /نئیں

kyllä / ei

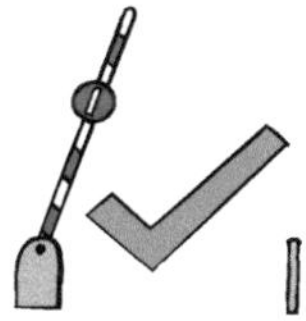

ٹھیک ہے

selvä

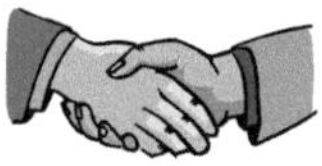

اسلام و علیکم

hei

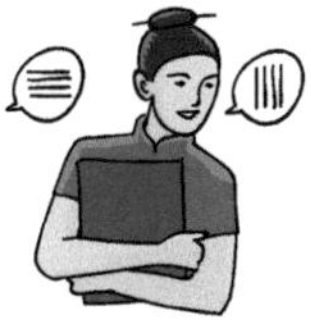

ترجمان

tulkki

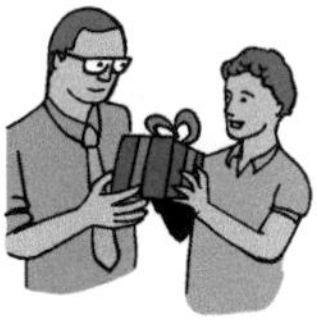

شکریہ

kiitos

ایہہ کنے نے ؟

Paljonko...maksaa?

می سمجھ نئیں رلی

en ymmärrä

مسئلہ

ongelma

اسلام و علیکم

Hyvää iltaa!

اسلام و علیکم

Hyvää huomenta!

اللہ حافظ

Hyvää yötä!

اللہ نے حوالے

näkemiin

سمت

suunta

سامان

matkatavarat

بیگ

laukku

بیک پیک

reppu

مہمان

vieras

کمرہ

huone

سلیپنگ بیگ

makuupussi

خیمہ

teltta

سياح لئى معلومات

turisti-info

ساحل سمندر

ranta

کریڈٹ کارڈ

luottokortti

ناشتہ

aamupala

دوپہر نا کھانا

lounas

رات نا کھانا

päivällinen

ٹکٹ

matkalippu

لفٹ

hissi

مہر

postimerkki

بارڈر

raja

کسٹمز

tulli

ایمبیسی

suurlähetystö

ویزا

viisumi

پاسپورٹ

passi

ٹرانسپورٹ
kuljetus

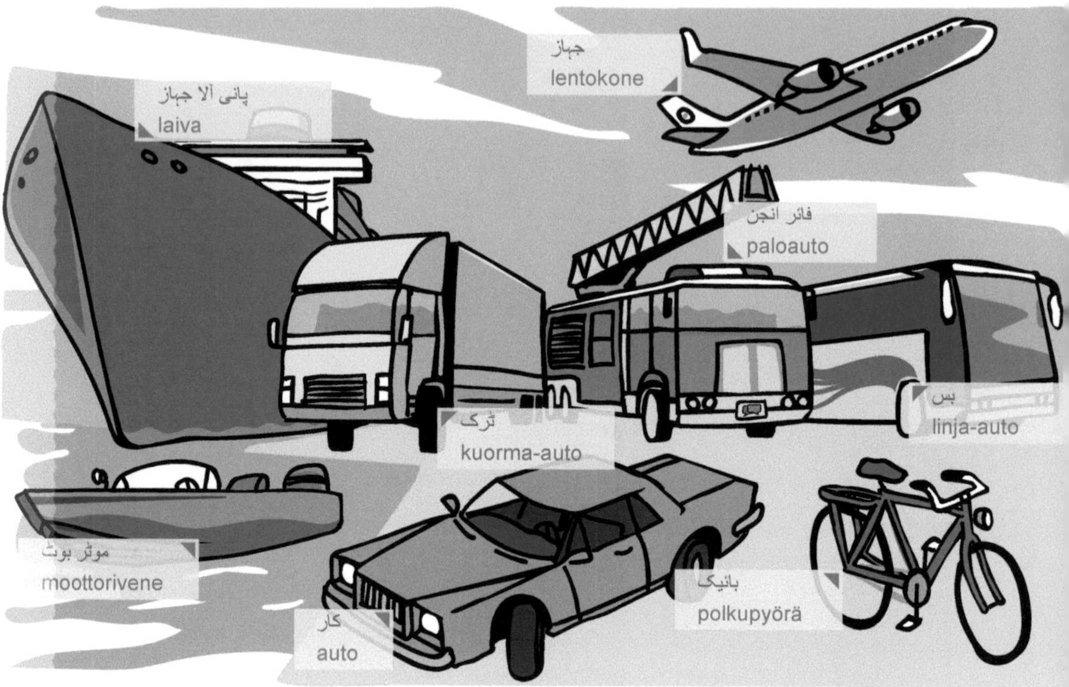

جہاز
lentokone
پانی آلا جہاز
laiva
فائر انجن
paloauto
بس
linja-auto
ٹرک
kuorma-auto
موٹر بوٹ
moottorivene
بائیک
polkupyörä
کار
auto

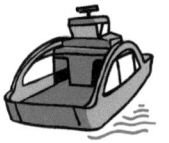

فیری

lautta

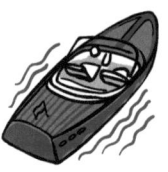

کشتی

vene

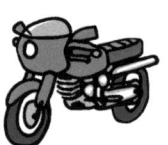

موٹر بائیک

moottoripyörä

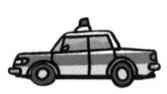

پولیس کار

poliisiauto

ریسنگ کار

kilpa-auto

کرایہ نی گڈ

vuokra-auto

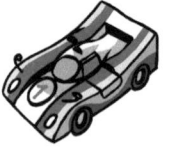

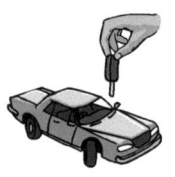

كار شيئرنگ

car sharing

بريک ڈاؤن ٹرک

hinausauto

ريفيوز ٹرک

roska-auto

موٹر

moottori

فيول

polttoaine

پٹرول سٹيشن

huoltoasema

ٹريفک سائن

liikennemerkki

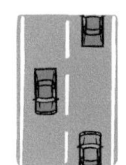

ٹريفک

liikenne

ٹريفک جام

ruuhka

کار پارک

parkkipaikka

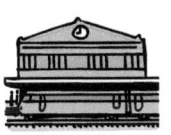

ريل سٹيشن

rautatieasema

ٹريکس

raiteet

ريل

juna

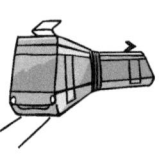

ٹرام

raitiovaunu

کيرج

vaunu

بیلی کاپٹر

helikopteri

ائر پورٹ

lentokenttä

مینار

lähilennonjohto

مسافر

matkustaja

کنٹینر

kontti

کاٹن

pahvilaatikko

چھکڑا

kärryt

بالٹی

kori

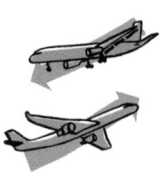

اڈّنا / لہنا

nousta / laskea

شہر

kaupunki

پنڈ

kylä

سٹی سینٹر

keskusta

گھار

talo

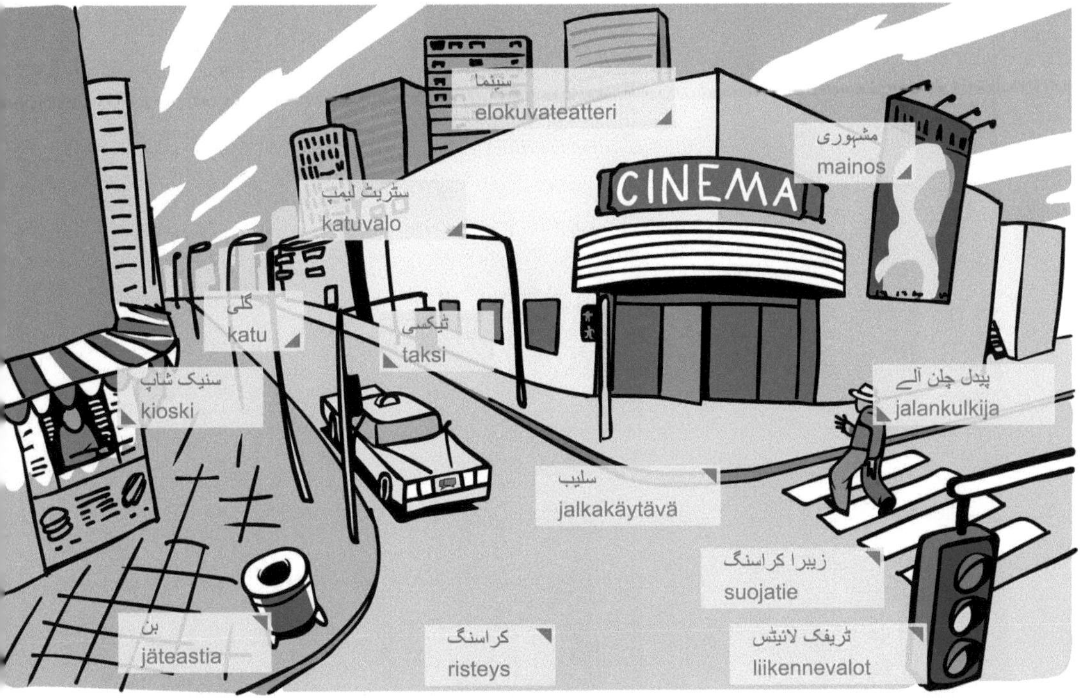

سینیما
elokuvateatteri

مشہوری
mainos

سٹریٹ لیمپ
katuvalo

CINEMA

گلی
katu

ٹیکسی
taksi

سنیک شاپ
kioski

پیدل چلن آلے
jalankulkija

سلیب
jalkakäytävä

زیبرا کراسنگ
suojatie

بن
jäteastia

کراسنگ
risteys

ٹریفک لائٹس
liikennevalot

بِٹ
mökki

فلیٹ
kerrostalo

ریل سٹیشن
rautatieasema

ٹاؤن ہال
kaupungintalo

میوزئیم
museo

سکول
koulu

یونیورسٹی
yliopisto

بنک
pankki

ہسپتال
sairaala

ہوٹل
hotelli

فارمیسی
apteekki

دفتر
toimisto

کتب خانہ
kirjakauppa

بٹی
liike

پھلاں الے
kukkakauppa

سیر مارکیٹ
supermarketti

بازار
tori

ڈیپارٹمنٹ سٹور
tavaratalo

مچھیرے
kalakauppias

شاپنگ سینٹر
ostoskeskus

بندرگاہ
satama

پارک

puisto

بنچ

penkki

پل

silta

سیڑھیاں

portaat

انڈر گراؤنڈ

metro

ٹنل

tunneli

بس سٹاپ

linja-autopysäkki

بار

baari

ریسٹورنٹ

ravintola

پوسٹ بکس

postilaatikko

سٹریٹ سائن

katukyltti

پارکنگ میٹر

parkkimittari

چڑیا کھار

eläintarha

سوئمنگ پول

uimala

مسجد

moskeija

فارم

maatila

آلودگی

ympäristön saastuminen

قبرستان

hautausmaa

چرچ

kirkko

پلے گراؤنڈ

leikkikenttä

مندر

temppeli

منظر

maisema

لہتہ / پتہ
lehti

سائن پوسٹ
tienviitta

راہ
tie

سر سبز میدان
niitty

پتھر
kivi

درخت
puu

بانگر
retkeilijä

دریا
joki

کاہ
ruoho

پھل
kukka

وادی

laakso

پہاڑی

vuori

نہر

järvi

جنگل

metsä

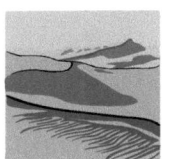

صحرا

aavikko

آتش فشاں

tulivuori

قلعہ

linna

رین بو

sateenkaari

کھمبی

sieni

پام ٹری

palmu

مچھر

hyttynen

مکھی

kärpänen

چیونٹا

muurahainen

مکھی

mehiläinen

مکڑی

hämähäkki

بهونرا
....
kovakuoriainen

مينډک
....
sammakko

ګلهرى
....
orava

سیهہ
....
siili

ساهيا
....
jänis

الو
....
pöllö

پرنده
....
lintu

راج هنس
....
joutsen

نر سور
....
villisika

برن
....
peura

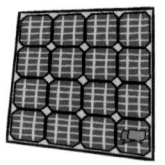

باره سنگا
....
hirvi

ډيم
....
pato

ونډ ټربائن
....
tuulimylly

شمسی توانائی دا پینل
....
aurinkopaneeli

آب و هوا
....
ilmasto

رېسٹورنٹ

ravintola

ویٹر
tarjoilija
مینیو
ruokalista
کرسی
tuoli
سوپ
keitto
پیزا
pitsa
میز نا کپڑا
pöytäliina
پھانڈے
ruokailuvälineet

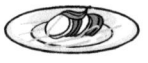

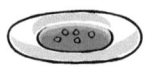

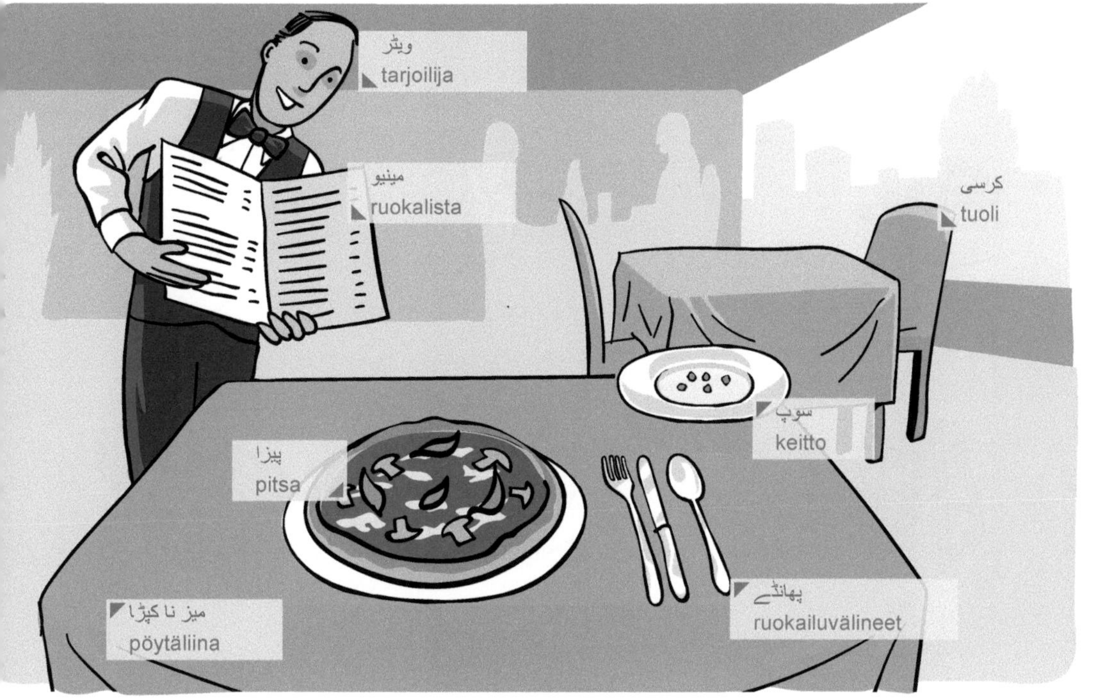

سٹارٹر
alkuruoka

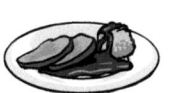

مین کورس
pääruoka

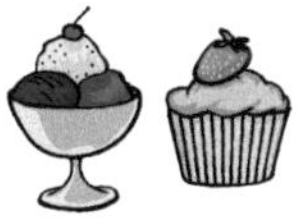

ڈیزرٹ
jälkiruoka

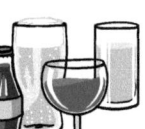

مشروب
juomat

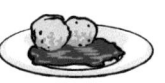

کھانا
ruoka

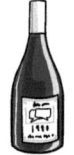

بوتل
pullo

فاسٹ فوڈ

pikaruoka

سٹریٹ فوڈ

katuruoka

ٹی پاٹ

teekannu

شوگر بول

sokeriastia

پورشن

annos

اسپریسو مشین

espressokeitin

بائی چیئر

syöttötuoli

بل

lasku

ٹرے

tarjotin

چھری

veitsi

کانٹا

haarukka

چمچ

lusikka

ٹی سپون

teelusikka

تولیہ

servietti

گلاس

lasi

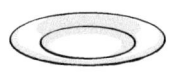

پليٹ
....
lautanen

سوپ پليٹ
....
syvä lautanen

ساسر
....
aluslautanen

چٹنی
....
kastike

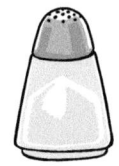

نمک دانی
....
suolasirotin

پیپر مل
....
pippurimylly

سرکہ
....
etikka

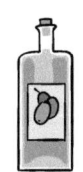

تیل
....
öljy

مصالحہ
....
mausteet

کیچپ
....
ketsuppi

سربینوں
....
sinappi

مینیز
....
majoneesi

سپر مارکیٹ

supermarketti

سپیشل آفر
tarjous
گاہک
asiakas
FOR
ڈیری
maitotuotteet
پھل
hedelmät
ٹرالی
ostoskärryt

BUTCHERS

قصائی
teurastamo

BAKERY

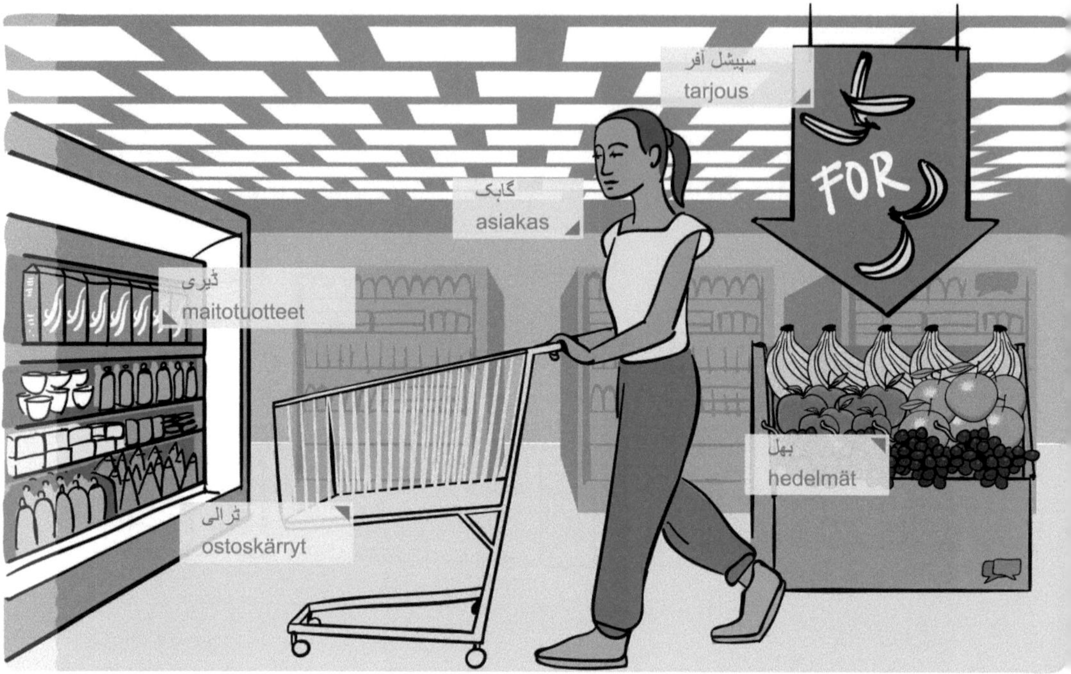

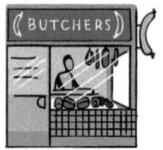

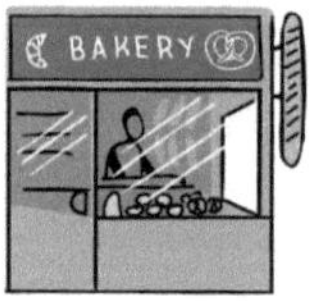

بیکرز
leipomo

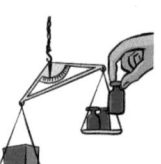

وزن
punnita

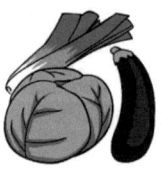

سبزیاں
kasvikset

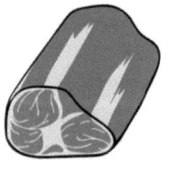

گوشت
liha

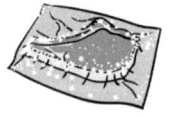

فروزن فوڈ
pakasteet

كولڈ گوشت

leikkele

ٹن فوڈ

säilykkeet

واشنگ پوڈر

pesujauhe

مٹھائی

makeiset

کھار دیاں چیزاں

kotitaloustarvikkeet

صفائی آلی چیزاں

puhdistusaineet

سیل مین

myyjä

ٹل

kassa

کیشنیر

kassanhoitaja

شاپنگ لسٹ

ostoslista

کھلن دا ویلا

aukioloajat

پرس

lompakko

کریڈٹ کارڈ

luottokortti

بیگ

kassi

پلاسٹک بیگ

muovipussi

پانی

vesi

سوج

mehu

هدد

maito

کوک

kokis

شراب

viini

شراب

olut

شراب

alkoholi

اکوک

kaakao

اچ

tee

کافی

kahvi

اسپریسو

espresso

کپیچینو

cappuccino

کیلا

banaani

سیب

omena

موسمبی

appelsiini

تربوز

meloni

نیمبو

sitruuna

گاجر

porkkana

لہسن

valkosipuli

بانس

bambu

پیاز

sipuli

کھمبی

sieni

میوے

pähkinät

نوڈلز

spagetti

سپیگیٹی

spagetti

چاول

riisi

سلاد

salaatti

چپس

ranskalaiset

تلے ہوئے آلو

paistetut perunat

پیزا

pitsa

بیم برگر

hampurilainen

سینڈوچ

voileipä

تکے

leike

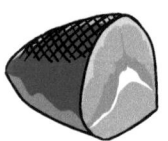

بیم

kinkku

سلامی

salami

ساسج

makkara

مرغی

kana

بھنیا ہویا

paisti

مچھی

kala

جو نا دلیہ

kaurahiutaleet

مولی

mysli

کارن فلیکس

murot

آٹا

jauho

کرائسنٹ

voisarvi

بریڈ رول

sämpylä

روٹی

leipä

ٹوسٹ

paahtoleipä

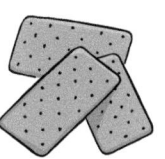

بسکٹ

keksit

مکھن

voi

دہی

rahka

کیک

kakku

انڈا

kananmuna

تلیا انڈا

paistettu kananmuna

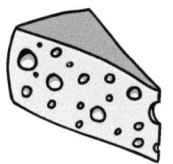

پنیر

juusto

کھانا - ruoka

آئس کریم

....

jäätelö

چینی

....

sokeri

شہد

....

hunaja

جام

....

hillo

چاکلیٹ سپریڈ

....

suklaapähkinälevite

سالن

....

curry

فارم

maatila

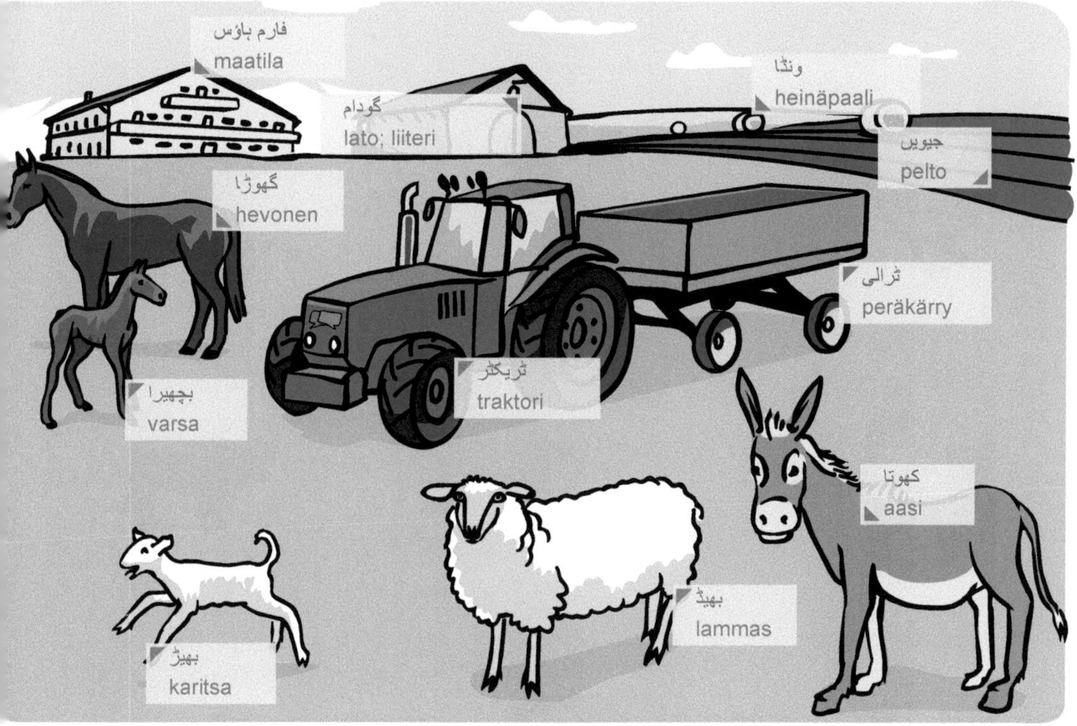
فارم ہاؤس
maatila
گودام
lato; liiteri
ونڈا
heinäpaali
جیوین
pelto
گھوڑا
hevonen
ٹرالی
peräkärry
بچھیرا
varsa
ٹریکٹر
traktori
کھوتا
aasi
بھیڈ
lammas
بھیڑ
karitsa

بکری

vuohi

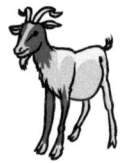

گاں

lehmä

بچھڑا

vasikka

سور

sika

پگ لیٹ

porsas

بیل

sonni

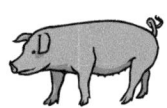

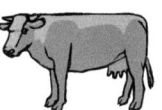

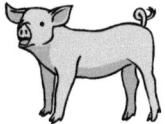

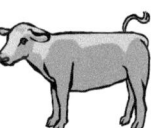

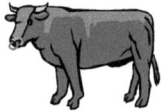

بطخ

hanhi

بطخ

ankka

چوزه

tipu

مرغی

kana

مرغا

kukko

چوہا

rotta

بلی

kissa

چوہا

hiiri

بیل

härkä

کتا

koira

کتے نا کھار

koirankoppi

لان نا پائپ

puutarhaletku

پانی نا ڈبی

kastelukannu

درانتی

viikate

ہل

aura

درانتی

sirppi

ہو

kuokka

ترنگل

talikko

کوباڑی

kirves

ریڑھی

kottikärryt

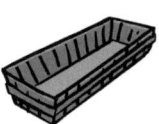

ڈونگا

kaukalo

ددھ نا ڈبہ

maitokannu

بورا

säkki

باڑ

aita

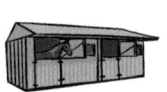

اصطبل

talli

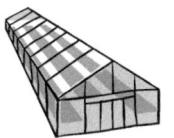

گرین ہاؤس

kasvihuone

مٹی

maa

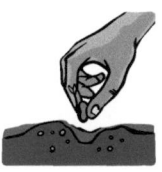

بیج

siemen

کھاد

lannoite

کمبائن ہارویسٹر

leikkuupuimuri

فصل

kerätä sato

فصل

sato

يامز

jamssit

كنك

vehnä

سويا

soija

آلو

peruna

مكئى

maissi

تلى

rypsi

پهلدار درخت

hedelmäpuu

كاساوا

maniokki

اناج

vilja

کھار

talo

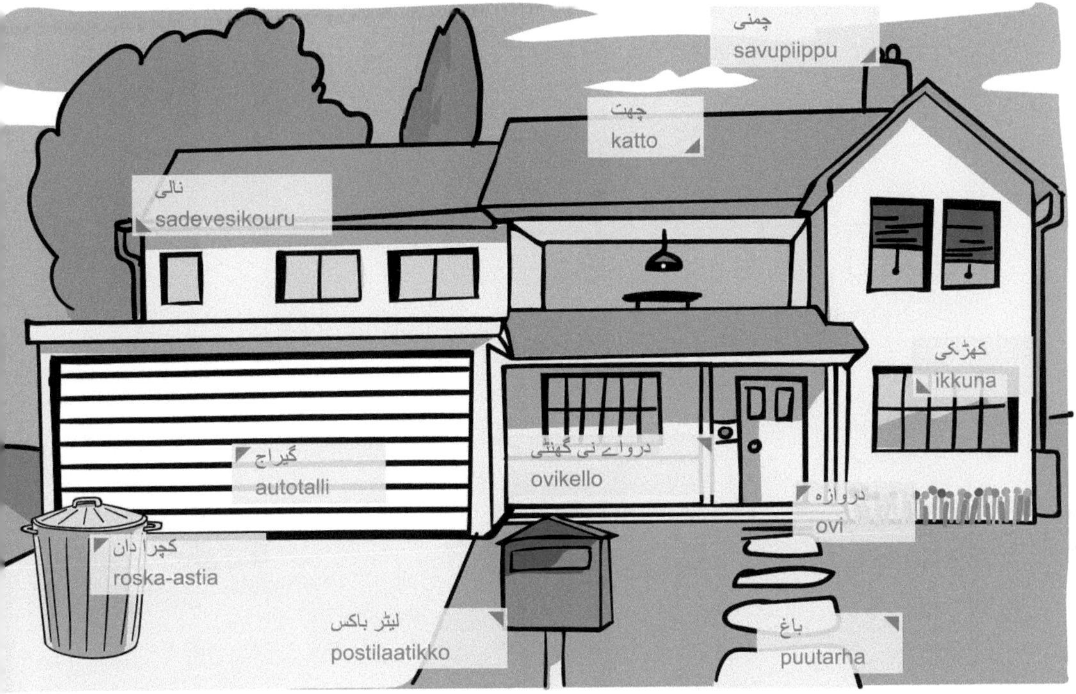

چمنی
savupiippu
چھت
katto
نالی
sadevesikouru
کھڑکی
ikkuna
گیراج
autotalli
دروازے نی گھنٹی
ovikello
دروازہ
ovi
کچرا دان
roska-astia
لیٹر باکس
postilaatikko
باغ
puutarha

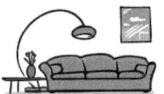

لونگ روم
olohuone

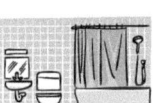

باتھ روم
kylpyhuone

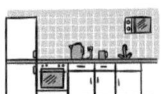

باورچی خانہ
keittiö

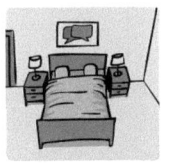

بیڈروم
makuuhuone

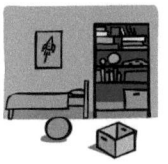

بچیاں نا کمرہ
lastenhuone

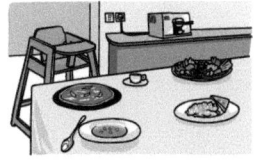

ڈائننگ روم
ruokahuone

فرش
....
lattia

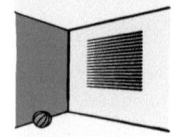

ديوار
....
seinä

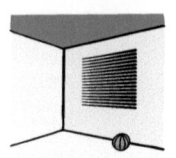

چهت
....
katto

سلبها
....
kellari

سوانا
....
sauna

بالکنی
....
parveke

ٹیرس
....
terassi

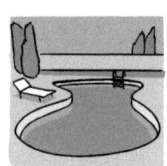

پول
....
uima-allas

لان موور
....
ruohonleikkuri

شیٹ
....
lakana

بیڈ سپریڈ
....
päiväpeitto

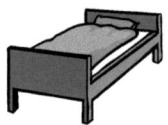

بیڈ
....
sänky

جهاڑو
....
harja

بالٹی
....
ämpäri

سونچ
....
katkaisin

لونگ روم

olohuone

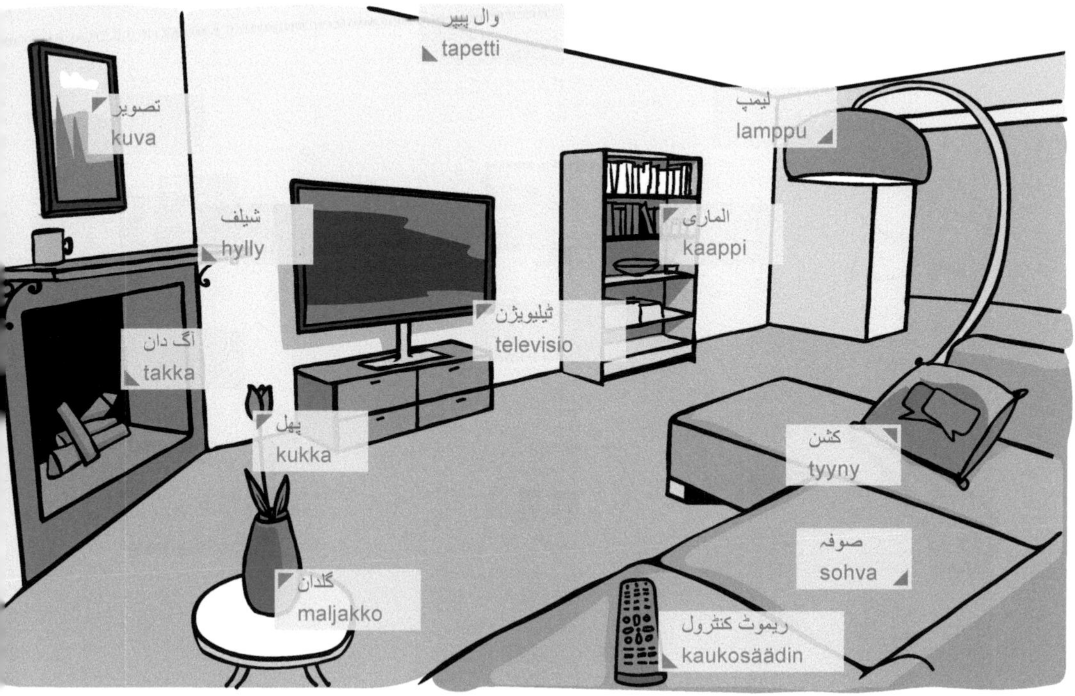

وال پیپر
tapetti
تصویر
kuva
لیمپ
lamppu
شیلف
hylly
الماری
kaappi
ٹیلیویژن
televisio
آگ دان
takka
پھل
kukka
کشن
tyyny
صوفہ
sohva
گلدان
maljakko
ریموٹ کنٹرول
kaukosäädin

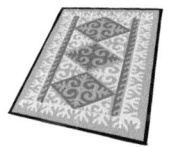

قالین

matto

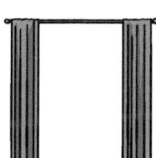

پردے

verho

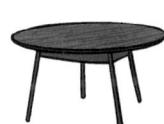

میز

pöytä

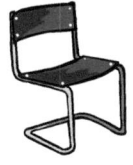

کرسی

tuoli

راکنگ چئیر

keinutuoli

آرم چئیر

nojatuoli

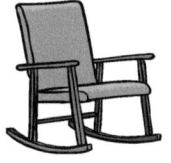

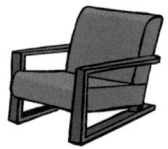

کتاب

kirja

کمبل

peitto

ڈیکوریشن

koriste

کولے

polttopuut

فلم

elokuva

ہائی فائی آلات

stereot

چابی

avain

اخبار

sanomalehti

پینٹنگ

maalaus

پوسٹر

juliste

ریڈیو

radio

نوٹ پیڈ

muistivihko

بوور

pölynimuri

کیکٹس

kaktus

موم بتّی

kynttilä

باورچہ خانہ
keittiö

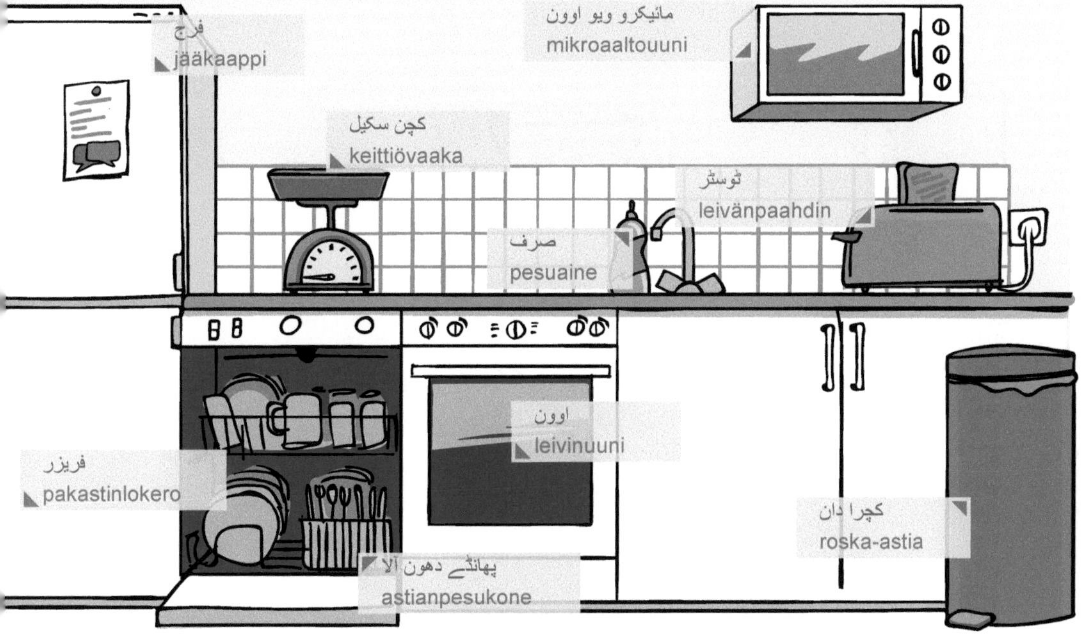
فرج
jääkaappi
مائیکرو ویو اوون
mikroaaltouuni
کچن سکیل
keittiövaaka
ٹوسٹر
leivänpaahdin
صرف
pesuaine
اوون
leivinuuni
فریزر
pakastinlokero
کچرا دان
roska-astia
پھانڈے دھون آلا
astianpesukone

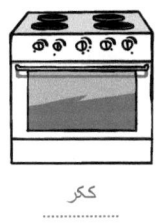

ککر

liesi

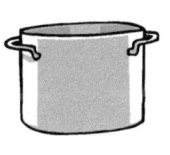

پاٹ

kattila

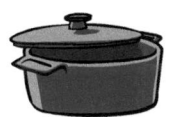

کاسٹ آئرن پاٹ

rautapata

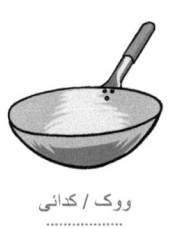

ووک / کدائی

vokkipannu / kadai-pannu

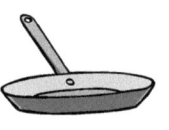

پین

paistinpannu

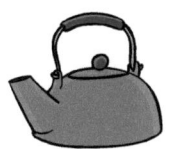

کیتلی

teepannu

سٹیمر

höyrykeitin

بیکنگ ٹرے

uunipelti

پھانڈے

astiat

مگا

muki

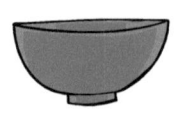

پیالہ

kulho

چوپ سٹکس

syömäpuikot

کرچھل

kauha

اسپالی

paistinlasta

پھینٹن آلا

vispilä

چھننا

siivilä

چھننی

siivilä

جھاواں

raastin

کھان پکان آلا چمچہ

mortteli

باربی کیو

grilli

چولھا

avotuli

کٹنگ بورڈ

leikkuulauta

رولنگ پن

kaulin

کارک سکرو

korkinavaaja

کین

purkki

کین کھلون آلا

purkinavaaja

پاٹ پگڑن آلا

pannulappu

سنک

lavuaari

برش

tiskiharja

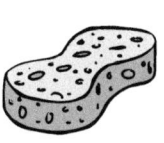

سپنج

pesusieni

بلینڈر

tehosekoitin

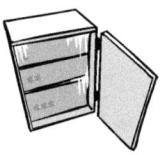

ڈیپ فریزر

pakastin

بچے نی بوتل

tuttipullo

ٹوٹی

vesihana

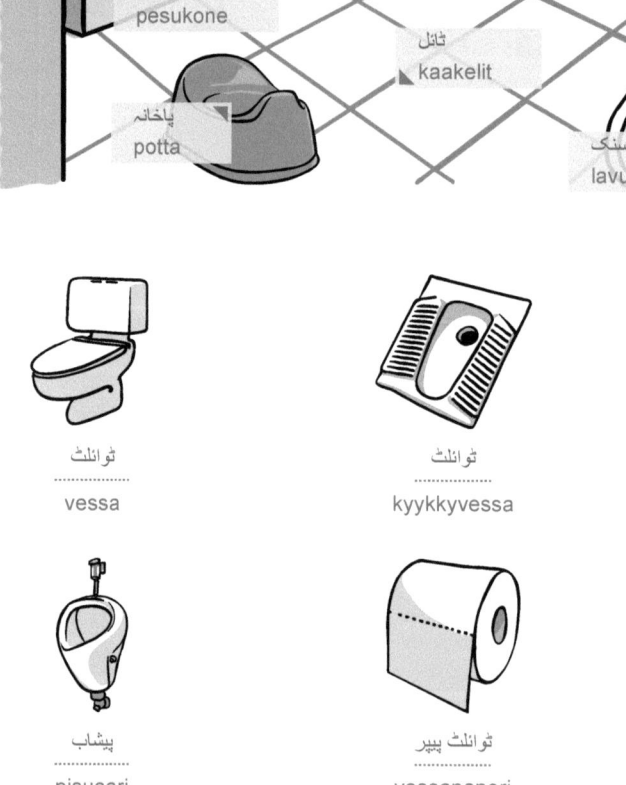

باتھ روم

kylpyhuone

ہیٹنگ
lämmitys
شاور
suihku
تولیہ
pyyhe
شاور کرٹن
suihkuverho
ببل باتھ
vaahtokylpy
نہان آلا ٹب
kylpyamme
گلاس
lasi
واشنگ مشین
pesukone
ٹوٹی
vesihana
ٹائل
kaakelit
پاخانہ
potta
سنک
lavuaari

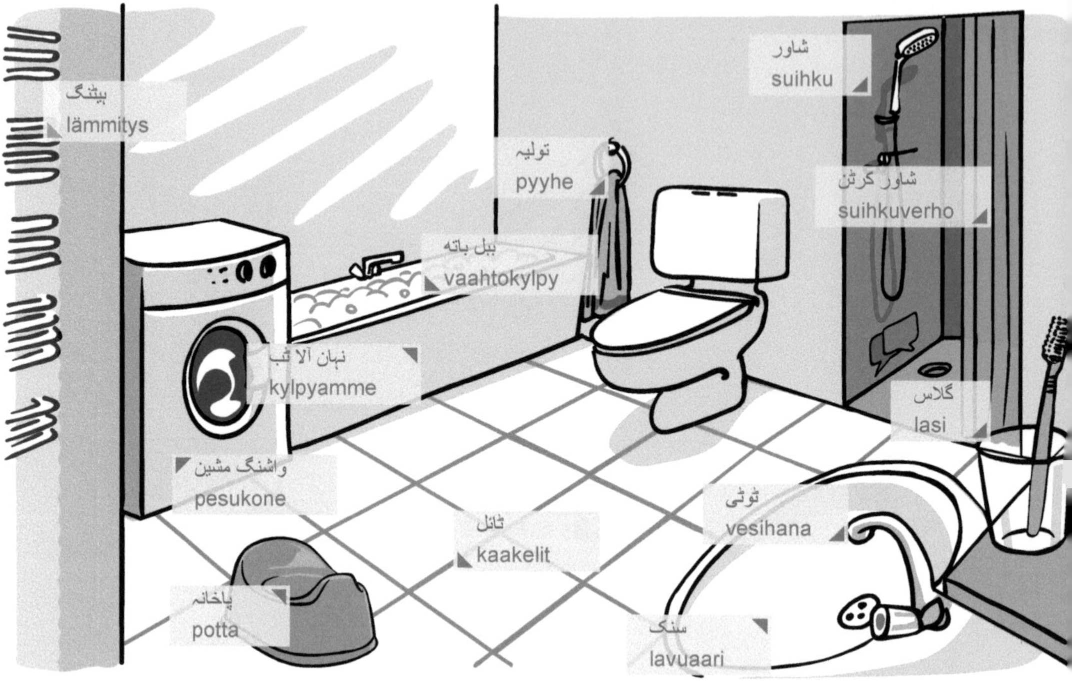

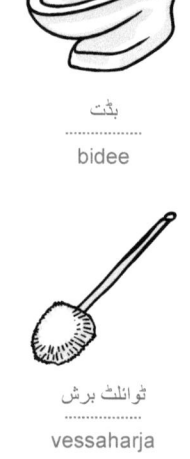

ٹوائلٹ

vessa

ٹوائلٹ

kyykkyvessa

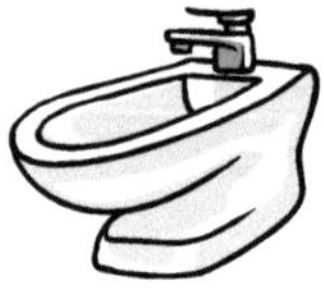

بڈٹ

bidee

پیشاب

pisuaari

ٹوائلٹ پیپر

vessapaperi

ٹوائلٹ برش

vessaharja

ئۇلە برش

hammasharja

ٹوتھ پیسٹ

hammastahna

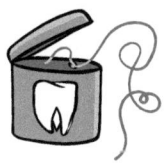

ڈینٹل فلاس

hammaslanka

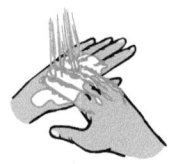

دھونا

pestä

بتہ وچ پھڑن آلا شاور

käsisuihku

شاور

intiimisuihku

بیسن

pesuvati

بیک برش

selkäharja

صابن

saippua

شاور جیل

suihkugeeli

شیمپو

shampoo

فلالین

pesulappu

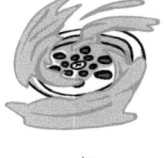

نالی

viemäri

کریم

voide

ڈیوڈرنٹ

deodorantti

آئینہ

peili

ہتھ آلا شیشہ

käsipeili

استرا

partaveitsi

شیونگ فوم

partavaahto

آفٹر سیو

partavesi

کنگھا

kampa

برش

harja

بنیر ڈرائر

hiustenkuivaaja

بنیر سپرے

hiuslakka

میک اپ

meikki

لپ سٹک

huulipuna

ناخن نی وارنش

kynsilakka

کاٹن وول

pumpuli

ناخن کٹر

kynsisakset

پرفیوم

hajuvesi

واش بيگ
kosmetiikkalaukku

پاخانہ
jakkara

وزن دا پیمانہ
vaaka

باتھ نی الماری
kylpytakki

ربر نے دستانہ
kumihansikkaat

بفر
tamponi

تولیہ سٹینڈ
terveysside

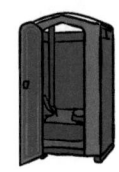

کیمیکل ٹوائلٹ
kemiallinen wc

بچیاں نا کمرہ

lastenhuone

الارم کلاک
herätyskello
کھڈونے
pehmolelu
کھڈونا گڈی
leikkiauto
ھڑھڑ
helistin
گڈی نا کھار
nukkekoti
تحفہ
lahja

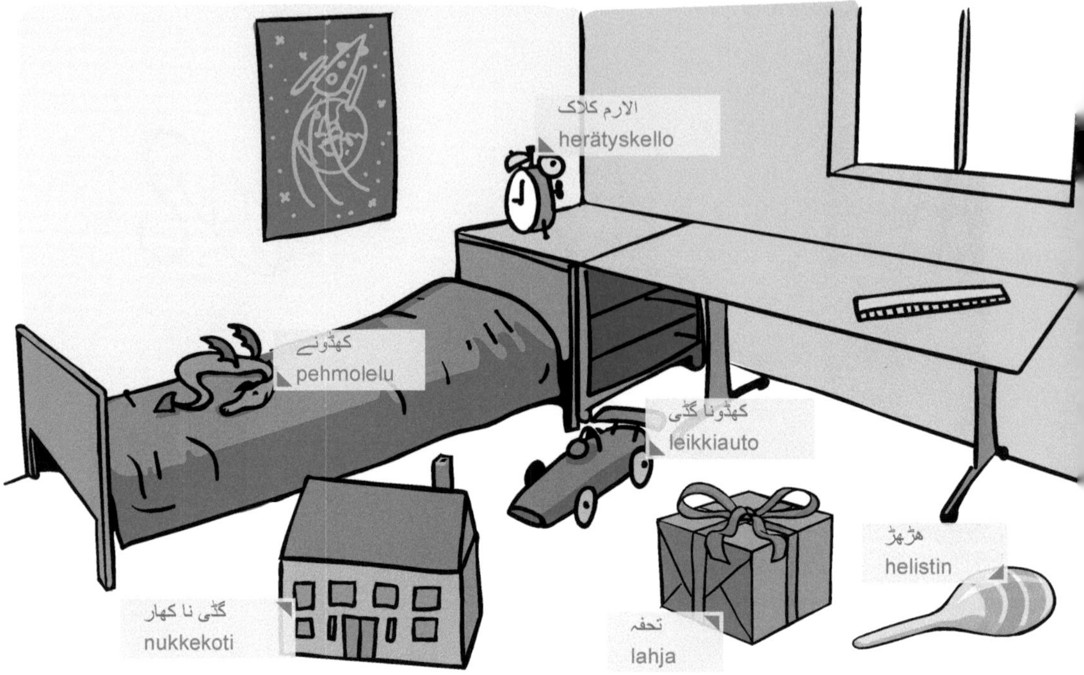

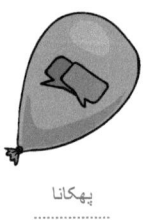

پھکانا

ilmapallo

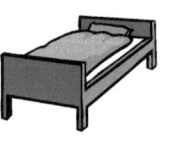

بیڈ

sänky

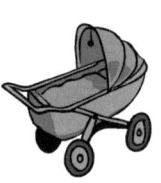

پرام

lastenvaunut

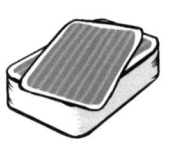

تاش نے پتے

korttipeli

جگ سا

palapeli

SUPER MEGA

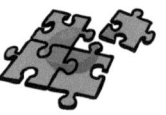

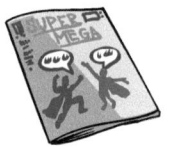

کامک

sarjakuva

لیگو بِرکس

legopalikat

بِلڈنگ بلاکس

rakennuspalikat

کھڈونا

supersankari

بےبی گرو

potkupuku

فرزبی

frisbee

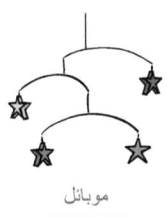

موبائل

mobile

بورڈ گیم

lautapeli

ڈائس

noppa

ماڈل ٹرن سیٹ

pienoisjunarata

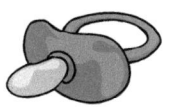

ڈمی

tutti

پارٹی

juhlat

تصویری کتاب

kuvakirja

گیند

pallo

گڑیا

nukke

کھیڈنا

leikkiä

سینڈ پٹ

hiekkalaatikko

جھولا

keinu

کھڈونے

lelut

ویڈیو گیم کنسول

pelikonsoli

ٹرائی سائیکل

kolmipyörä

ٹیڈی بئیر

nalle

الماری

vaatekaappi

کپڑے

vaatteet

جرابان

sukat

جرابان

nylonsukat

ٹائٹس

sukkahousut

سکارف
kaulaliina

چھتری
sateenvarjo

ٹی شرٹ
t-paita

بیلٹ
vyö

جوگر
lenkkarit

بوٹ
saappaat

سلیپر
sisätossut

سینڈل
sandaalit

جوتی
kengät

ربر نے جوتی
kumisaappaat

انڈر ویئر
alushousut

برا
rintaliivit

بنیان
aluspaita

جسم

body

پاجامہ

housut

جینز

farkut

سکرٹ

hame

برا

pusero

قمیض

paita

سویٹر

villapaita

ہوڈی

collegepaita

کوٹ

jakku

جیکٹ

takki

کوٹ

takki

برساتی

sadetakki

کاسٹیوم

puku

کپڑے

mekko

شادی نا جوڑا

hääpuku

سوٹ

puku

راتے نے کپڑے

yöpaita

پاجامہ

pyjama

ساڑھی

shari

سکارف

päähuivi

پگڑی

turbaani

برقعہ

burka

کفتان

kaftaani

برقعہ

abaya

نہان والے کپڑے

uimapuku

انگرونیر

uimahousut

نیکر

shortsit

ٹریک سوٹ

verkkarit

دھوتی

esiliina

دستانے

käsineet

بٹن

nappi

چشمہ

silmälasit

بریسلیٹ

rannekoru

بار

kaulakoru

انگوٹھی

sormus

کنٹے

korvakoru

ٹوپی

lippalakki

کوٹ ہینگر

ripustin

ٹوپی

hattu

ٹائی

solmio

زپ

vetoketju

ہیلمٹ

kypärä

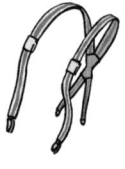

بریسز

henkselit

سکول نی وردی

koulupuku

وردی

univormu

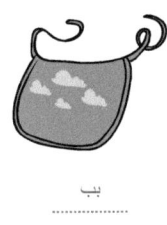

بب

ruokalappu

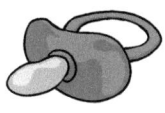

ڈمی

tutti

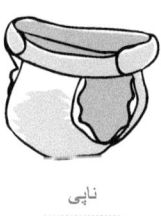

ناپی

vaippa

دفتر

toimisto

سرور
palvelin
فائلاں نے الماری
asiakirjakaappi
پرنٹر
tulostin
کاغذ
paperi
مانیٹر
näyttö
ماؤس
hiiri
میز
kirjoituspöytä
فولڈر
kansio
کی بورڈ
näppäimistö
کچرے نا ڈبہ
roskakori
کمپیوٹر
tietokone
کرسی
tuoli

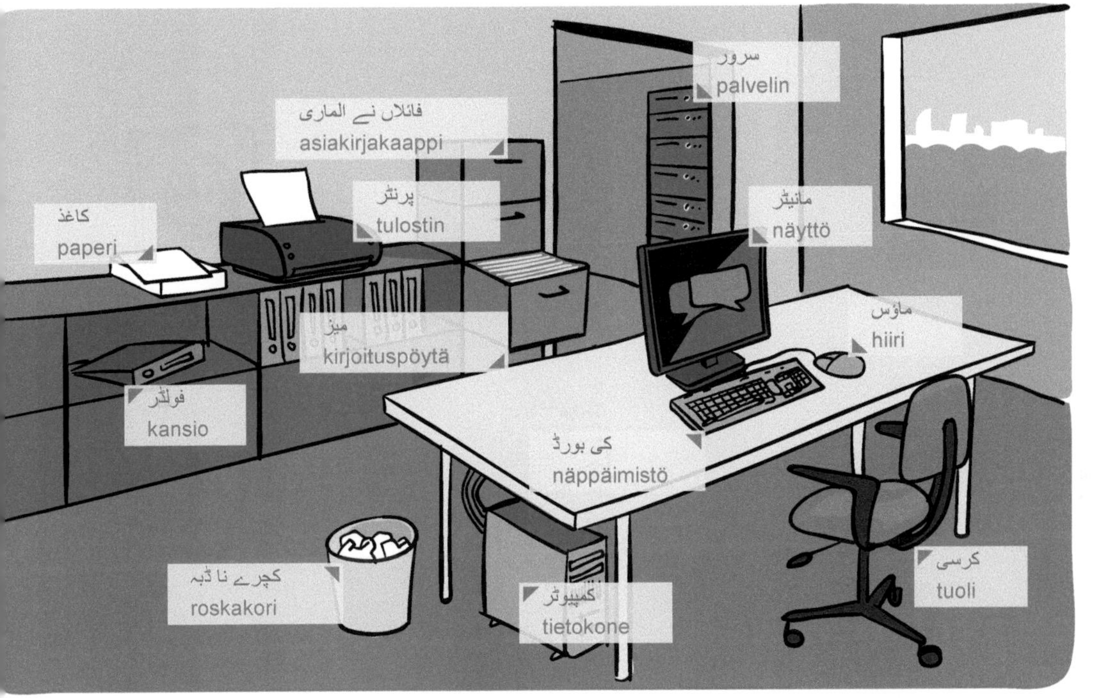

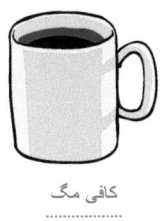

کافی مگ

kahvimuki

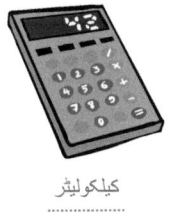

کیلکولیٹر

taskulaskin

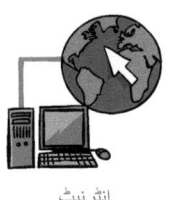

انٹرنیٹ

internet

لیپ ٹاپ

kannettava tietokone

خط

kirje

پیغام

viesti

موبائل

kännykkä

نیٹ ورک

verkko

فوٹو کاپیئر

kopiokone

سافٹ ویئر

ohjelmisto

ٹیلیفون

puhelin

پلگ ساکٹ

pistorasia

فکس مشین

faksi

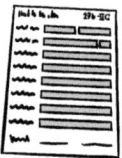

فارم

lomake

دستاویزات

asiakirja

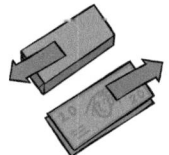

خریدنا

ostaa

ادا کرنا

maksaa

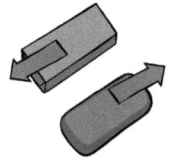

تجارت

vaihtaa

پیسہ

raha

ڈالر

dollari

یورو

euro

ین

jeni

ربل

rupla

سویس فرانک

frangi

رینمینبی یوان

renminbi juan

روپیہ

rupia

کیش پوائنٹ

pankkiautomaatti

ایکسچینج دفتر

rahanvaihto

سونا

kulta

چاندی

hopea

تیل

öljy

توانائی

energia

قیمت

hinta

معاہدہ

sopimus

ٹیکس

vero

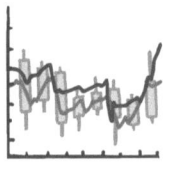

سٹاک

osake

کم

työskennellä

ملازم

työntekijä

آجر

työnantaja

فیکٹری

tehdas

بٹی

liike

پیشہ

ammatit

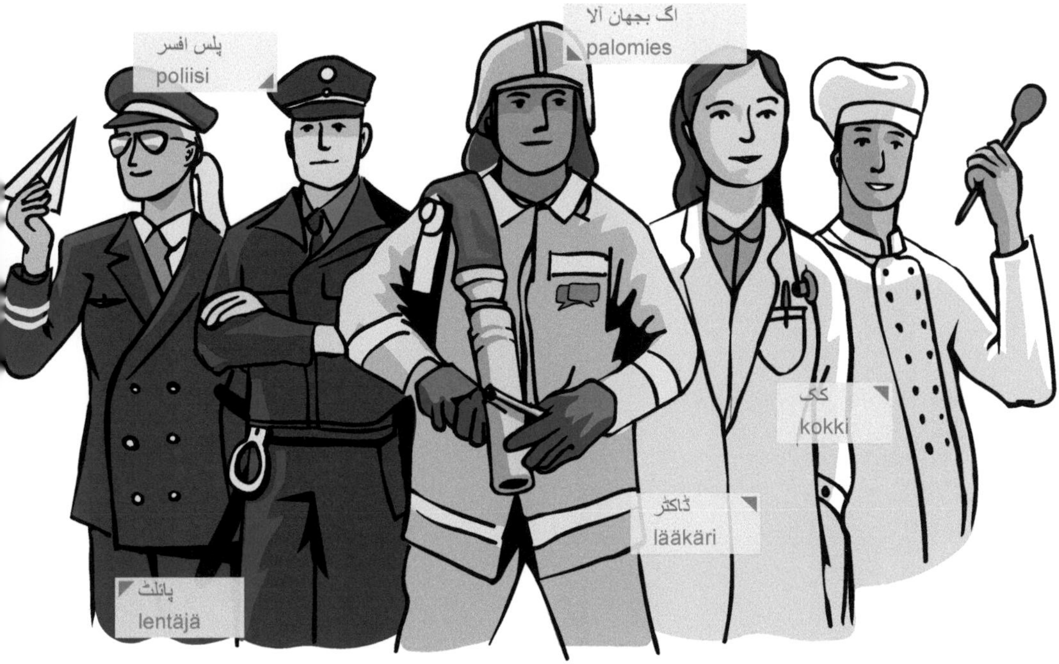

پلس افسر
poliisi
اگ بجھان آلا
palomies
کک
kokki
ڈاکٹر
lääkäri
پائلٹ
lentäjä

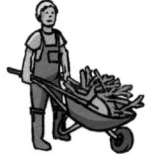

مالی

puutarhuri

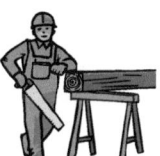

برھئی

puuseppä

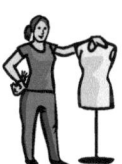

درزن

ompelija

جج

tuomari

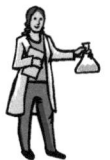

کیمسٹ

kemisti

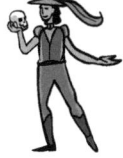

ایکٹر

näyttelijä

بس ڈرائیور

linja-autonkuljettaja

ٹیکسی ڈرائیور

taksinkuljettaja

مچھیرا

kalastaja

صفائی آلی جنانی

siivooja

روفر

katontekijä

ویٹر

tarjoilija

شکاری

metsästäjä

پینٹر

maalari

بیکری آلا

leipuri

الیکٹریشن

sähköasentaja

تعمیرات آلا

rakentaja

انجینیر

insinööri

قصائی

teurastaja

پلمبر

putkiasentaja

پوسٹ مین

postinjakaja

سپاہی

sotilas

آرکیٹیکٹ

arkkitehti

کیشئیر

kassanhoitaja

پھلاں آلا

floristi

نائی

kampaaja

کنڈکٹر

konduktööri

مکینک

mekaanikko

کپتان

kapteeni

دندان ساز

hammaslääkäri

سائنس دان

tiedemies

ربائی

rabbi

امام

imaami

راہب

munkki

انگریز

pappi

ٹولز

työkalut

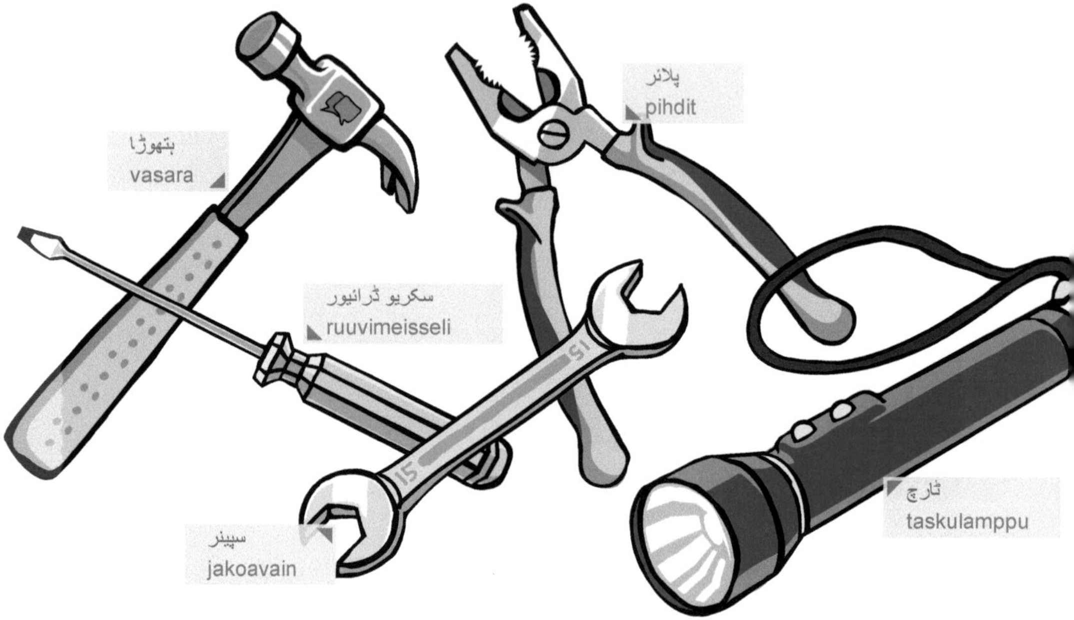

ہتھوڑا
vasara
پلائر
pihdit
سکریو ڈرائیور
ruuvimeisseli
سپینر
jakoavain
ٹارچ
taskulamppu

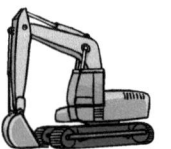

پھاوڑا

kaivinkone

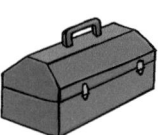

ٹول باکس

työkalupakki

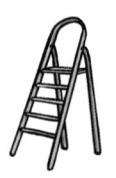

سیڑھی

tikkaat

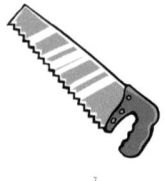

آری

saha

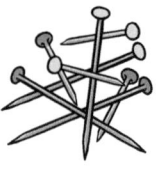

کیل

naulat

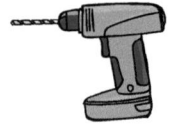

ڈرل

pora

مرمت

korjata

شاول

lapio

لعنت!

Hitto!

ٹسٹ پین

rikkalapio

پینٹ پاٹ

maalipurkki

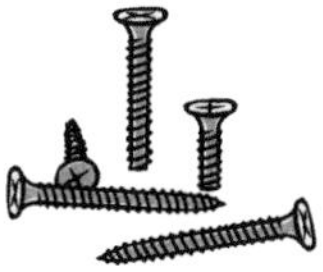

سکریوز

ruuvit

موسیقی نے آلات

soittimet

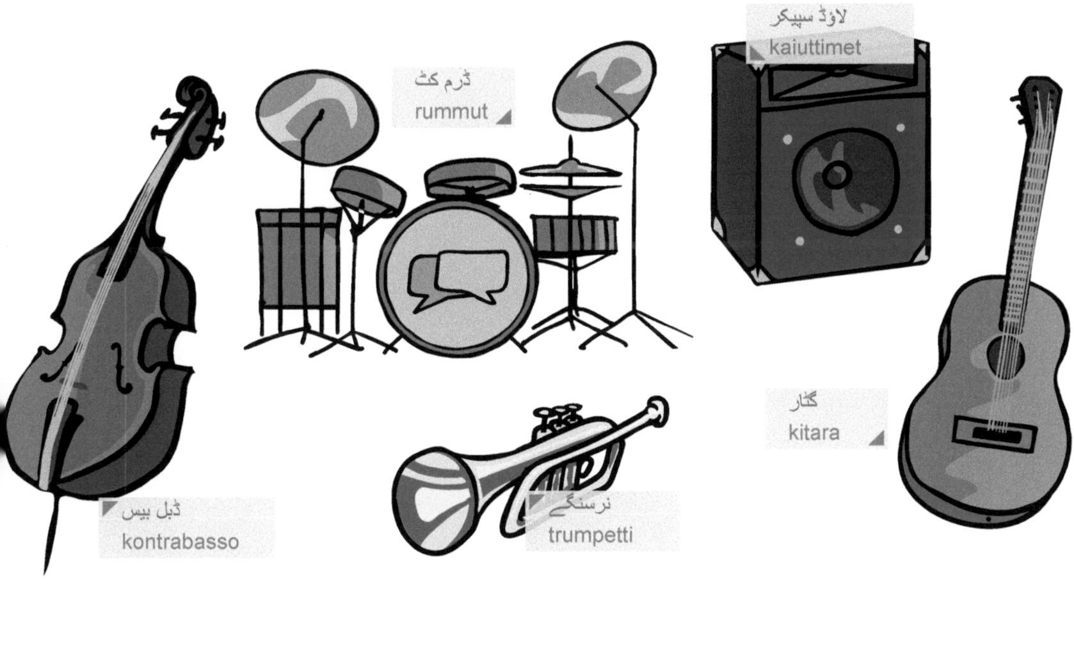

لاؤڈ سپیکر
kaiuttimet

ڈرم کٹ
rummut

گٹار
kitara

ڈبل بیس
kontrabasso

نرسنگے
trumpetti

پیانو

piano

وائلن

viulu

بیس

basso

ٹمپانی

patarummut

ڈرمز

rumpu

کی بورڈ

kosketinsoitin

سیگزو فون

saksofoni

بانسری

huilu

مائکروفون

mikrofoni

چڑیا کھار

eläintarha

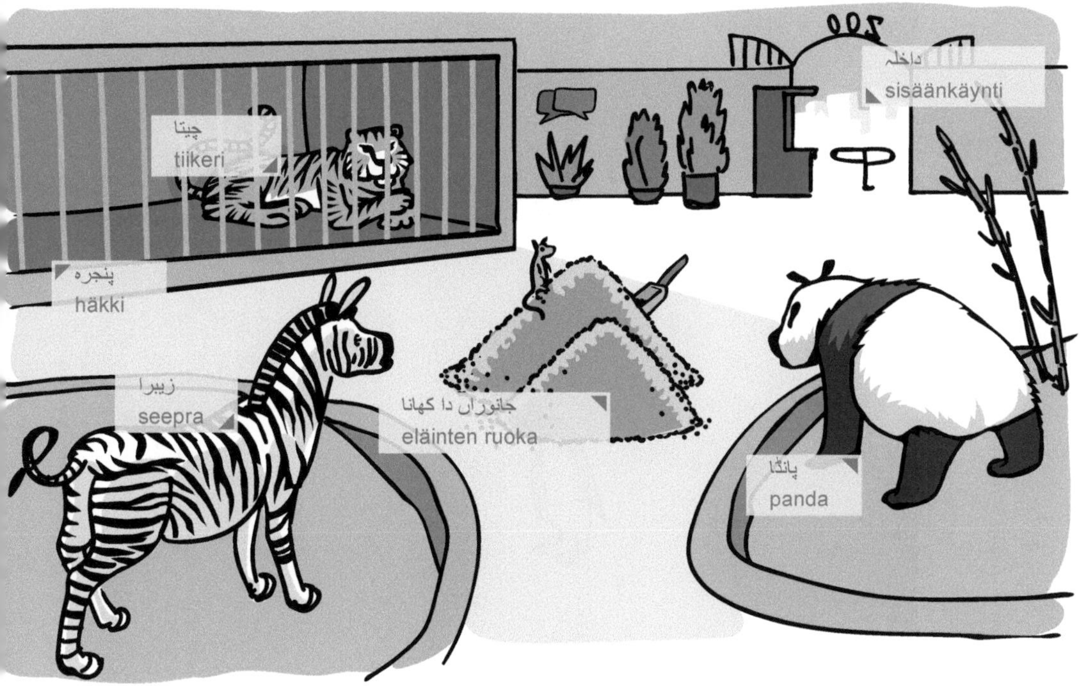

داخلہ
sisäänkäynti
چیتا
tiikeri
پنجرہ
häkki
زیبرا
seepra
جانوراں دا کھانا
eläinten ruoka
پانڈا
panda

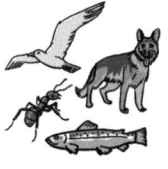

جانور

eläimet

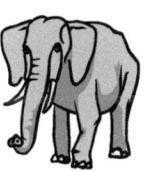

ہاتھی

norsu

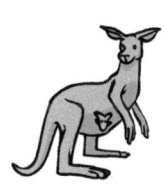

کینگرو

kenguru

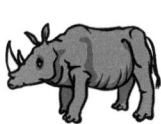

گینڈا

sarvikuono

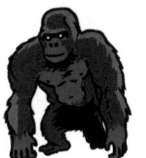

گوریلا

gorilla

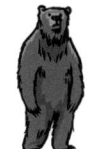

ریچھ

karhu

اونٹ

kameli

شترمرغ

strutsi

شیر

leijona

باندر

apina

فلیمنگو

flamingo

طوطا

papukaija

برفانی ریچھ

jääkarhu

پینگوئین

pingviini

شارک

hai

مور

riikinkukko

سپ

käärme

مگرمچھ

krokotiili

چڑیا گھر دا رکھوالا

eläintarhanhoitaja

سیل

hylje

جیگوار

jaguaari

پونی

poni

لیپرڈ

leopardi

ہپو

virtahepo

زرافہ

kirahvi

چیل

kotka

نر سور

villisika

مچھی

kala

کیچھوا

kilpikonna

والرس

mursu

لومبڑ

kettu

گیزل

gaselli

امریکن فٹبال
amerikkalainen jalkapallo

سائکلنگ
pyöräily

ٹینس
tennis

باسکٹ بال
koripallo

سوئیمنگ
uinti

آئس ہاکی
jääkiekko

باکسنگ
nyrkkeily

فٹبال
jalkapallo

بیڈ منٹن
sulkapallo

ایتھلیٹکس
yleisurheilu

ہینڈ بال
käsipallo

سکینگ
hiihto

پولو
poolo

بنسنا
nauraa

چهال مارنا
hypätä

چهپی پانا
halata

چلنا
kävellä

گانا گانا
laulaa

خواب
unelmoida

دعا
rukoilla

بوسہ
suudella

لكهنا
....
kirjoittaa

لیک لانا
....
piirtää

وكهانا
....
näyttää

دهكا
....
painaa

دینا
....
antaa

لینا
....
ottaa

بے وے

omistaa

کرنا

tehdä

ہو

olla

کھلونا

seisoa

دوڑنا

juosta

چیھکنا

vetää

سٹنا

heittää

ٹھینا

kaatua

جھوٹ

maata

انتظار

odottaa

چکنا

kantaa

بیھنا

istua

کپڑے پانا

pukeutua

سونا

nukkua

جاگنا

herätä

ویکھنا

katsoa

رونا/چلانا

itkeä

سٹروک

silittää

کنگھا

kammata

گل کرنا

puhua

سمجھنا

ymmärtää

پوچھنا/دسنا

kysyä

سننا

kuunnella

پینا

juoda

کھانا

syödä

تیار بونا

siivota

محبت

rakastaa

پکانا

keittää

گڈی چلانا

ajaa

اڈنا

lentää

سمندری سفر

purjehtia

کیلکولیٹ

laskea

پڑھنا

lukea

سیکھنا

oppia

کم

työskennellä

شادی

mennä naimisiin

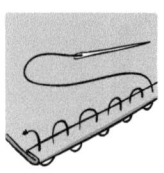

سیونا

ommella

دند صاف

pestä hampaat

قتل

tappaa

دهواں

tupakoida

بھیجنا

lähettää

کنبہ

perhe

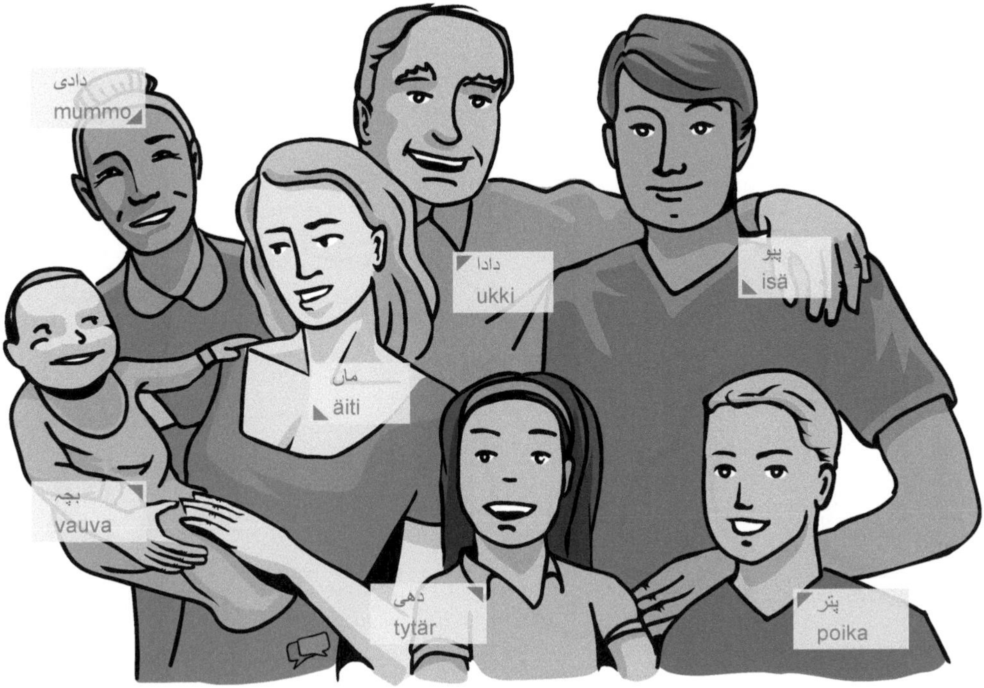
دادی
mummo
دادا
ukki
پیو
isä
ماں
äiti
بچہ
vauva
دھی
tytär
پتر
poika

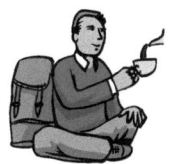

مہمان

vieras

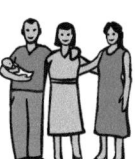

ماسی / پھو

täti

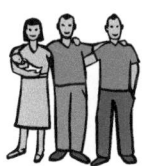

چاچا/ماما

setä

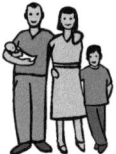

بھرا

veli

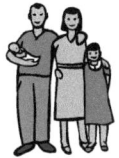

بہن

sisko

جسم

vartalo

متھا
otsa
اکھ
silmä
منڈھے
olkapää
انگلی
sormet
منہ
kasvot
ٹھوڑی
leuka
بتہ
käsi
چھاتی
rinta
لت
jalka
بانہ
käsivarsi

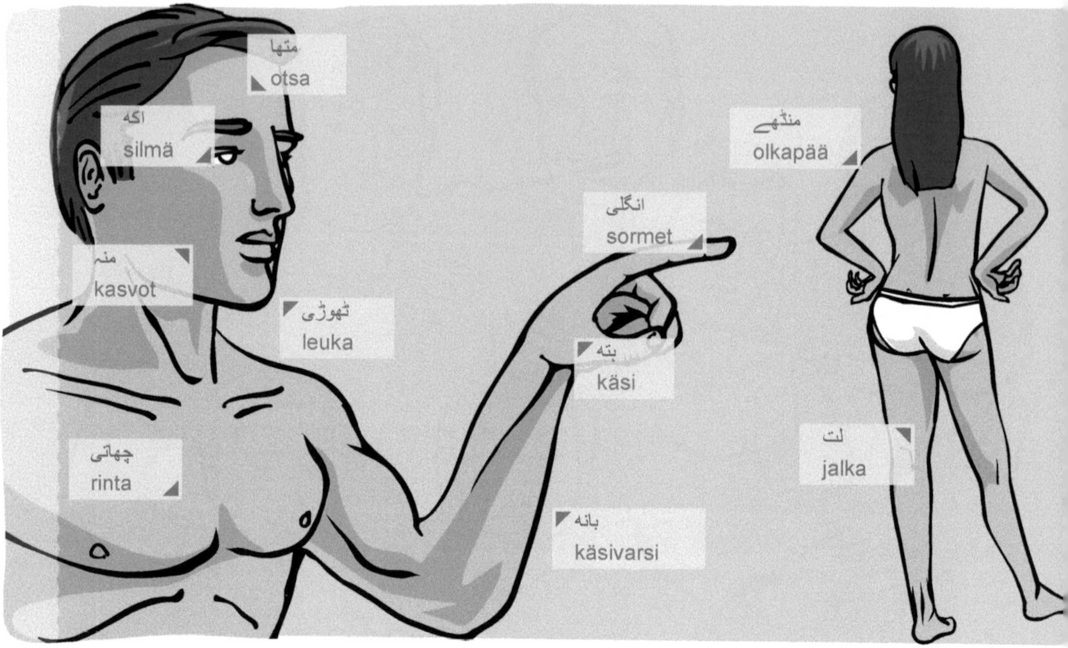

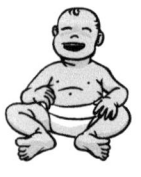

بچہ

vauva

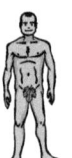

بندہ

mies

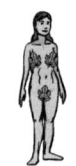

جنانی

nainen

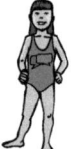

کڑی

tyttö

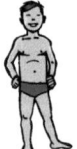

مڑا

poika

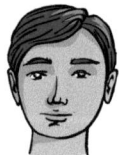

سر

pää

کمر
selkä

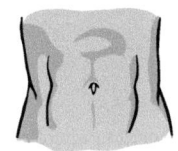

ٹھڈ
maha

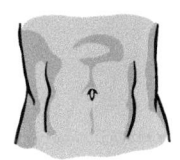

تھنی
napa

پنجہ
varvas

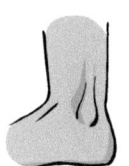

اڑی
kantapää

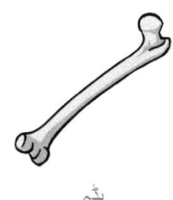

ہڈ
luu

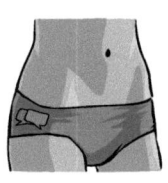

کولہے
lantio

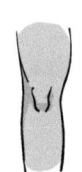

گوڈے
polvi

کہنی
kyynärpää

نک
nenä

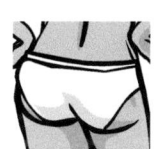

زیر جامہ
takapuoli

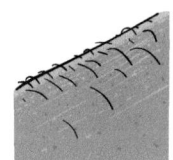

کھل
iho

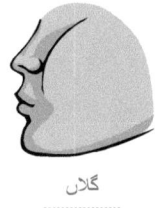

گلاں
poski

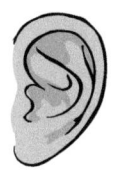

کن
korva

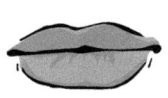

بل
huuli

جسم - vartalo

منہ
....
suu

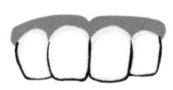

دند
....
hammas

زبان
....
kieli

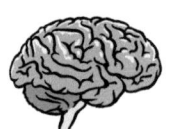

دماغ
....
aivot

دل
....
sydän

پٹھے
....
lihas

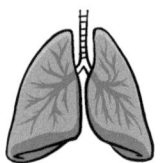

پھیپڑے
....
keuhkot

جگر
....
maksa

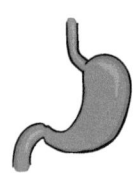

تھہ
....
vatsa

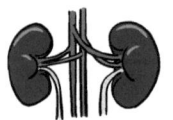

گردے
....
munuaiset

جنس
....
seksi

کنڈم
....
kondomi

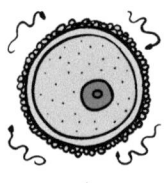

انڈے
....
munasolu

منی
....
sperma

حمل
....
raskaus

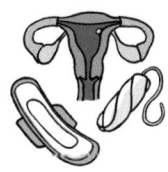

حيض

kuukautiset

اندام نہانی

vagina

عضو تناسل

penis

بھوں

kulmakarvat

بال

hiukset

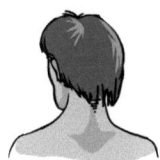

گردن

niska

ہسپتال
sairaala

ہسپتال
sairaala
ایمبولنس
ambulanssi
وھیل چئیر
pyörätuoli
فریکچر
murtuma

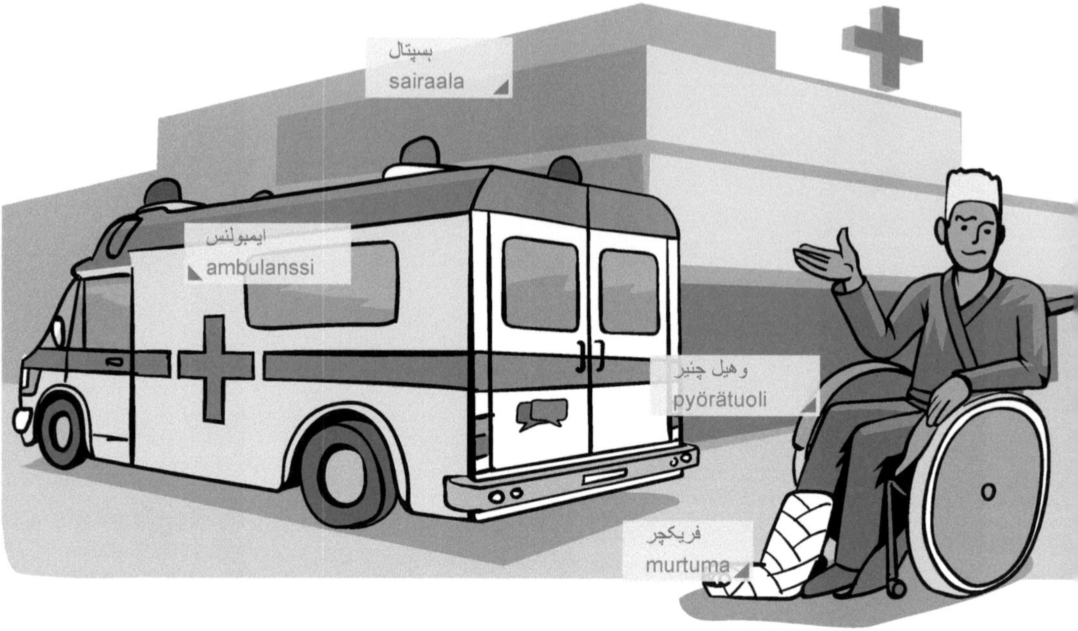

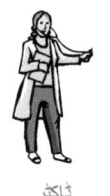

ڈاکٹر
lääkäri

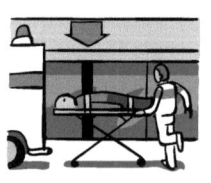

ہنگامی کمرہ
ensiapu

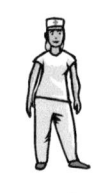

نرس
sairaanhoitaja

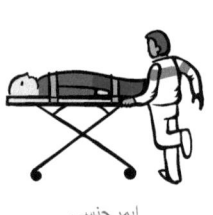

ایمرجنسی
hätätilanne

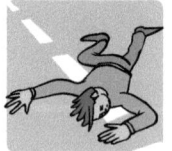

بے ہوش
tajuton

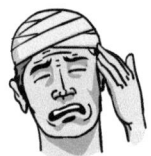

درد
kipu

زخم

vamma

خون نکلنا

verenvuoto

دل نا دوره

sydänkohtaus

فالج

aivoinfarkti

الرجی

allergia

کھنگ

yskä

تپ

kuume

نزلہ

flunssa

اسہال

ripuli

سر درد

päänsärky

کینسر

syöpä

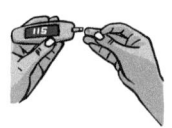

شوگر(ذیابیطس)

diabetes

سرجن

kirurgi

سکیلپیل

veitsi

آپریشن

leikkaus

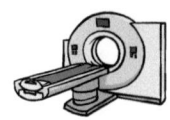

سی ٹی

ct

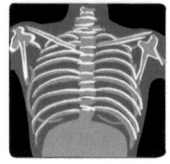

ایکسرے

röntgen

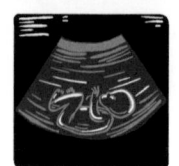

الٹرا ساؤنڈ

ultraääni

چہرہ نا ماسک

maski

بماری

sairaus

انتظار گاہ

odotushuone

بیساکھی

sauva

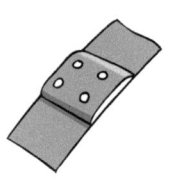

پلستر

laastari

پٹی

side

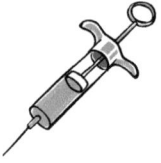

ٹیکہ

pistos

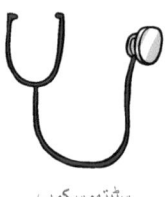

سٹیتھوسکوپ

stetoskooppi

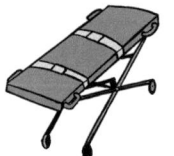

اسٹریچر

paarit

کلینکل تھرموميٹر

kuumemittari

پیدائش

syntymä

زائدالوزن

ylipaino

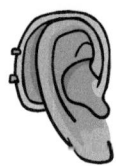

سنن لئی آله

kuulolaite

جراثیم کش

desinfiointiaine

متعدی مرض

infektio

وائرس

virus

HIV/AIDS

HIV / AIDS

دوائی

lääke

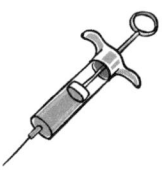

ویکسینیشن

rokotus

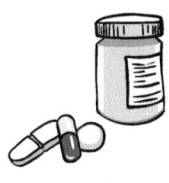

گولیاں

tabletit

گولی

pilleri

بنگامی کال

hätäpuhelu

بلڈ پریشر مانیٹر

verenpainemittari

بیمار / صحتمند

sairas / terve

مدد!

Apua!

الارم

hälytys

حملہ

ryöstö

حملہ

hyökkäys

خطرہ

vaara

بنگامی اخراج

hätäuloskäynti

اگ!

Tulipalo!

آگ بجاهن والا آلہ

palosammutin

حادثہ

onnettomuus

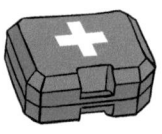

فرسٹ ایڈ کٹ

ensiapulaukku

SOS

SOS

پلس

poliisilaitos

يورپ

Eurooppa

شمالی امریکہ

Pohjois-Amerikka

جنوبی امریکہ

Etelä-Amerikka

افریقہ

Afrikka

ایشیاء

Aasia

آسٹریلیا

Australia

اٹلانٹک

Atlantin valtameri

پیسیفک

Tyynimeri

بحیرہ ہند

Intian valtameri

بحیرہ انٹارکٹک

Eteläinen jäämeri

بحیرہ آرکٹیک

Pohjoinen jäämeri

قطب شمالی

pohjoisnapa

قطب جنوبى

etelänapa

انتارکتیکا

Antarktis

زمین

maa

خشکی

maa

سمندر

meri

جزیره

saari

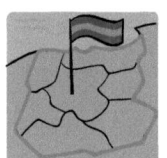

قوم

kansa

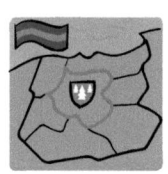

ریاست

osavaltio

کلاک فیس

kellotaulu

نکی سوئی

tuntiviisari

وڈی سوئی

minuuttiviisari

سیکنڈ ہینڈ

sekuntiviisari

کی ٹائم ہویا اے؟

Paljonko kello on?

دن

päivä

وقت

aika

ہون

nyt

ڈیجیٹل گھڑی

digitaalikello

منٹ

minuutti

گھنٹہ

tunti

ہفتہ
viikko

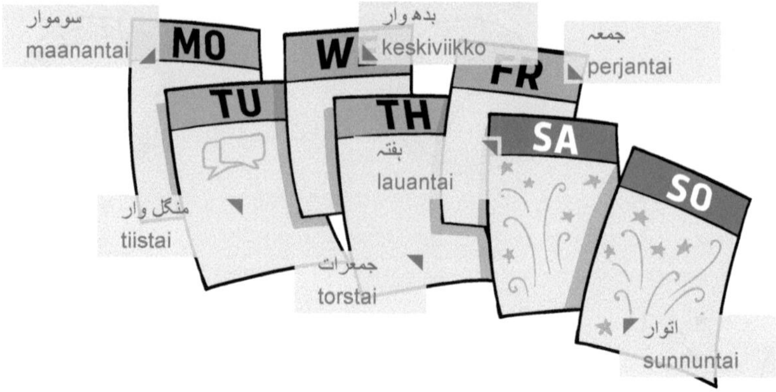
سوموار
maanantai
MO
بدھ وار
keskiviikko
W
جمعہ
perjantai
FR
TU
TH
SA
SO
منگل وار
tiistai
ہفتہ
lauantai
جمعرات
torstai
اتوار
sunnuntai

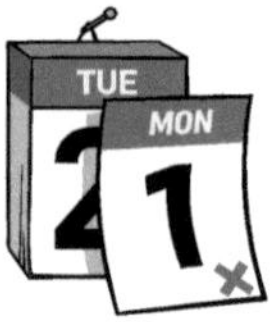
TUE
2
MON
1

کل
eilen

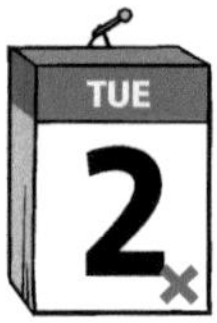
TUE
2

آج
tänään

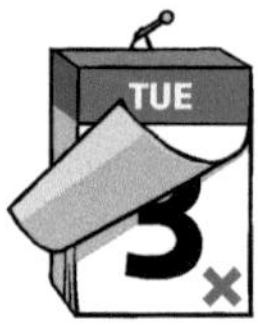
TUE
3

کل
huomenna

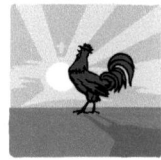

سویر
aamu

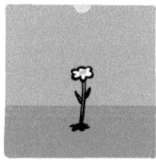

دوپہر
keskipäivä

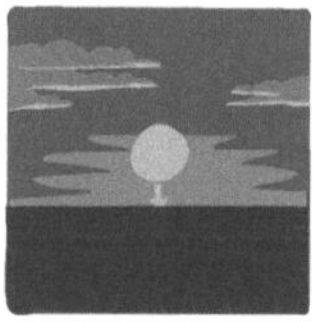

شام
ilta

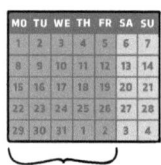

MO TU WE TH FR SA SU
1 2 3 4 5 6 7
8 9 10 11 12 13 14
15 16 17 18 19 20 21
22 23 24 25 26 27 28
29 30 31 1 2 3 4

کاروباری دن
työpäivät

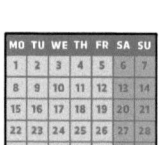

MO TU WE TH FR SA SU
1 2 3 4 5 6 7
8 9 10 11 12 13 14
15 16 17 18 19 20 21
22 23 24 25 26 27 28
29 30 31 1 2 3 4

ویک اینڈ
viikonloppu

بارش
sade

رین بو
sateenkaari

برف
lumi

ہوا
tuuli

بہار
kevät

خزاں
syksy

گرمی
kesä

سردی
talvi

4.APRIL	11°	☀
5.APRIL	4°	🌧
6.APRIL	13°	🌦
7.APRIL	8°	❄
8.APRIL	10°	☀

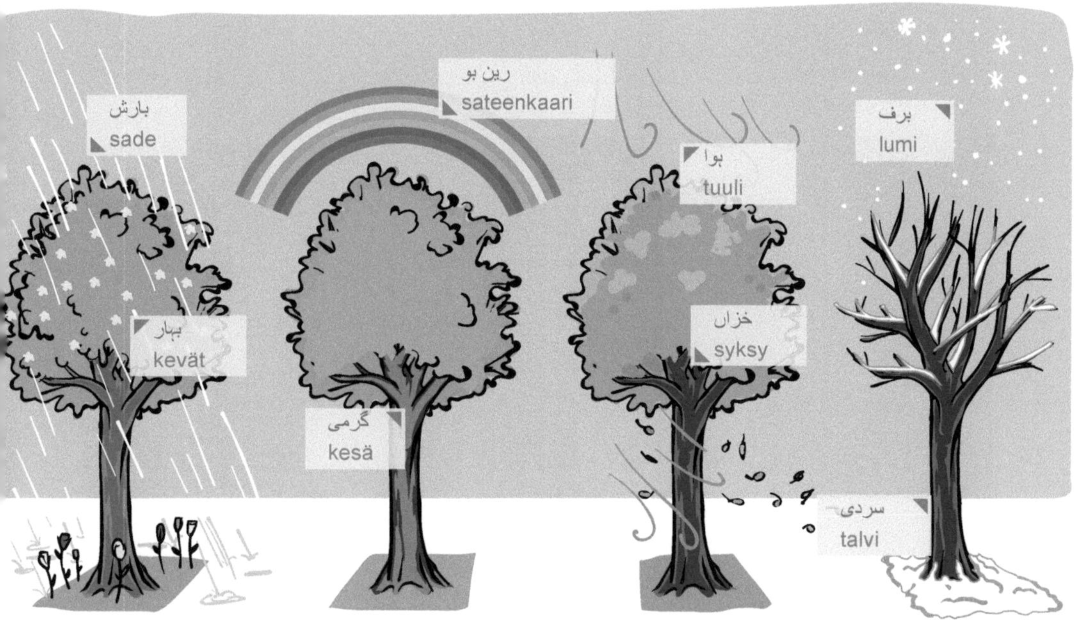

موسمی پیشگوئی
sääennuste

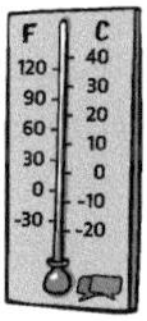

تھرمامیٹر
lämpömittari

سورج نے چمک
auringonpaiste

بدل
pilvi

دھند
sumu

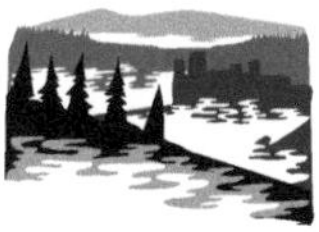

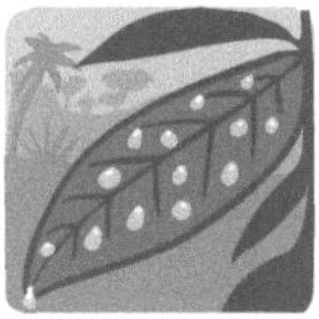

نمی
ilmankosteus

بجلی کڑکنا

salama

گرج

ukkonen

نھیری

myrsky

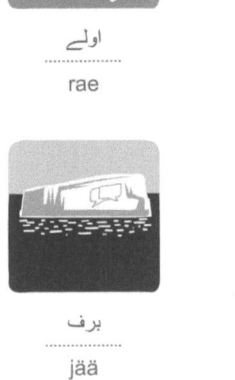

اولے

rae

ساون

monsuuni

سیلاب

tulva

برف

jää

جنوری

tammikuu

فروری

helmikuu

مارچ

maaliskuu

اپریل

huhtikuu

منی

toukokuu

جون

kesäkuu

جولائی

heinäkuu

اگست

elokuu

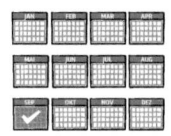

ستمبر
....
syyskuu

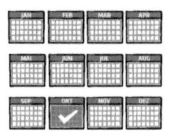

اكتوبر
....
lokakuu

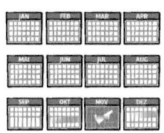

نومبر
....
marraskuu

دسمبر
....
joulukuu

گول
....
ympyrä

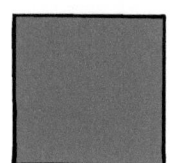

چوكور
....
neliö

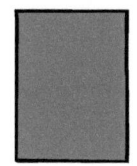

مستطيل
....
suorakulmio

مثلث
....
kolmio

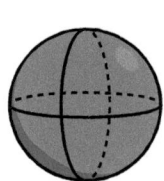

دائره نما
....
pallo

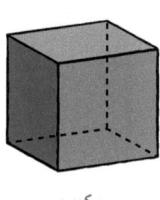

مكعب
....
kuutio

چٹا

valkoinen

پیلا

keltainen

نارنجی

oranssi

گلابی

vaaleanpunainen

رتا

punainen

جامنی

violetti

نیلا

sininen

برا

vihreä

کتهنی

ruskea

سرمئی

harmaa

کالا

musta

زیاده / گھٹ

paljon / vähän

ناراض / پرسکون

vihainen / ystävällinen

خوبصورت / بدصورت

kaunis / ruma

ابتداء / اختتام

alku / loppu

وٹا / نکا

suuri / pieni

روشن / نھیرا

vaalea / tumma

بھرا / بہن

veli / sisko

صاف / گندا

puhdas / likainen

مکمل / نا مکمل

täydellinen / epätäydellinen

دن / رات

päivä / yö

مرده / انده

kuollut / elävä

چوڑا / تنگ

leveä / kapea

خوردنی / ناقابل خوردنی

syötävä / syömäkelvoton

پھیڑا / چنگا

paha / kiltti

خوش / ناخوش

innostunut / tylsistynyt

موٹا / پتلا

lihava / laiha

پہلا / آخری

ensimmäinen / viimeinen

دوست / دشمن

ystävä / vihollinen

بھریا / خالی

täysi / tyhjä

سخت / نرم

kova / pehmeä

بھاری / ہلکا

painava / kevyt

بھوک / پیاس

nälkä / jano

بیمار / صحتمند

sairas / terve

قانونی / غیر قانونی

laiton / laillinen

ذہین / بیوقوف

älykäs / tyhmä

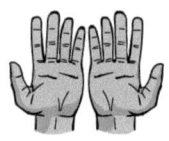

کھبا / سجا

vasen / oikea

کولے / دور

lähellä / kaukana

نواں / پرانا

uusi / käytetty

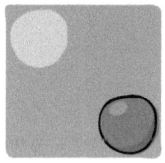

کجہ نئیں / سب کجہ

ei mitään / jotain

بڈھا / جوان

vanha / nuori

کھولنا / بند کرنا

päällä / pois päältä

کھولنا / بند کرنا

auki / kiinni

خاموشی / شور

hiljainen / äänekäs

امیر / غریب

rikas / köyhä

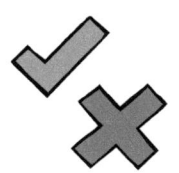

درست / غلط

oikein / väärin

کھردرا / ہموار

karhea / sileä

افسردہ / خوش

surullinen / iloinen

نکا / لما

lyhyt / pitkä

آہستہ / تیز

hidas / nopea

گیلا / خشک

märkä / kuiva

گرم / ٹھنڈا

lämmin / viileä

جنگ / امن

sota / rauha

0
صفر

nolla

1
اک

yksi

2
دو

kaksi

3
تن

kolme

4
چار

neljä

5
پنج

viisi

6
چھ

kuusi

7
ست

seitsemän

8
اٹھ

kahdeksan

9
نو

yhdeksän

10
دس

kymmenen

11
یاراں

yksitoista

12

باران
....
kaksitoista

13

تیران
....
kolmetoista

14

چودا
....
neljätoista

15

پندره
....
viisitoista

16

سوله
....
kuusitoista

17

ستاراں
....
seitsemäntoista

18

اٹھاراں
....
kahdeksantoista

19

انیہ
....
yhdeksäntoista

20

وی
....
kaksikymmentä

100

سو
....
sata

1.000

ہزار
....
tuhat

1.000.000

ملین
....
miljoona

انگریزی

englanti

امریکی انگریزی

amerikanenglanti

چینی مینڈرین

mandariinikiina

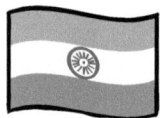

ہندی

hindi

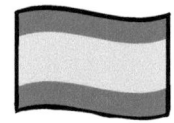

سپینش

espanja

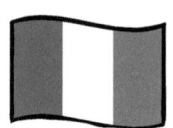

فرینچ

ranska

عربی

arabia

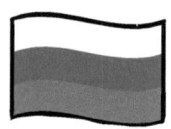

رشین

venäjä

پرتگالی

portugali

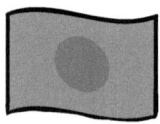

بنگالی

bengali

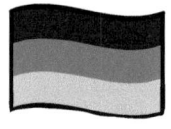

جرمن

saksa

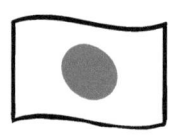

جاپانی

japani

میں

minä

توں

sinä

وہ/اوہ/ایہہ

hän

اسیں

me

توں

te

او

he

کون؟

kuka?

کی؟

mitä / mikä?

کیویں؟

miten?

کتھے؟

missä?

کدوں؟

milloin?

ناں

nimi

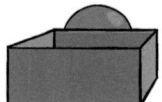

پچھے
takana

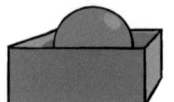

وچ
sisällä

نے سامنے
edessä

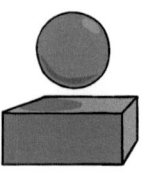

تے
yläpuolella

تے
päällä

بیٹھ
alapuolella

سوا
vieressä

مابین
välissä

جگہ
paikka